A NOVA LEI DE LICITAÇÕES PÚBLICAS E O ESTATUTO NACIONAL DAS MICROEMPRESAS

COMENTÁRIOS AOS ARTIGOS ESPECÍFICOS SOBRE LICITAÇÕES PÚBLICAS CONTEMPLADOS PELA LEI COMPLEMENTAR Nº 123/2006, CONSIDERANDO A NOVA LEI DE LICITAÇÕES (LEI Nº 14.133/2021)

SIDNEY BITTENCOURT

Prefácio
Ronny Charles Lopes de Torres

A NOVA LEI DE LICITAÇÕES PÚBLICAS E O ESTATUTO NACIONAL DAS MICROEMPRESAS

COMENTÁRIOS AOS ARTIGOS ESPECÍFICOS SOBRE LICITAÇÕES PÚBLICAS CONTEMPLADOS PELA LEI COMPLEMENTAR Nº 123/2006, CONSIDERANDO A NOVA LEI DE LICITAÇÕES (LEI Nº 14.133/2021)

Belo Horizonte

FÓRUM
CONHECIMENTO JURÍDICO

2022

© 2022 Editora Fórum Ltda.

É proibida a reprodução total ou parcial desta obra, por qualquer meio eletrônico, inclusive por processos xerográficos, sem autorização expressa do Editor.

Conselho Editorial

Adilson Abreu Dallari
Alécia Paolucci Nogueira Bicalho
Alexandre Coutinho Pagliarini
André Ramos Tavares
Carlos Ayres Britto
Carlos Mário da Silva Velloso
Cármen Lúcia Antunes Rocha
Cesar Augusto Guimarães Pereira
Clovis Beznos
Cristiana Fortini
Dinorá Adelaide Musetti Grotti
Diogo de Figueiredo Moreira Neto (*in memoriam*)
Egon Bockmann Moreira
Emerson Gabardo
Fabrício Motta
Fernando Rossi
Flávio Henrique Unes Pereira
Floriano de Azevedo Marques Neto
Gustavo Justino de Oliveira
Inês Virgínia Prado Soares
Jorge Ulisses Jacoby Fernandes
Juarez Freitas
Luciano Ferraz
Lúcio Delfino
Marcia Carla Pereira Ribeiro
Márcio Cammarosano
Marcos Ehrhardt Jr.
Maria Sylvia Zanella Di Pietro
Ney José de Freitas
Oswaldo Othon de Pontes Saraiva Filho
Paulo Modesto
Romeu Felipe Bacellar Filho
Sérgio Guerra
Walber de Moura Agra

FÓRUM
CONHECIMENTO JURÍDICO

Luís Cláudio Rodrigues Ferreira
Presidente e Editor

Coordenação editorial: Leonardo Eustáquio Siqueira Araújo
Aline Sobreira de Oliveira

Rua Paulo Ribeiro Bastos, 211 – Jardim Atlântico – CEP 31710-430
Belo Horizonte – Minas Gerais – Tel.: (31) 2121.4900
www.editoraforum.com.br – editoraforum@editoraforum.com.br

Técnica. Empenho. Zelo. Esses foram alguns dos cuidados aplicados na edição desta obra. No entanto, podem ocorrer erros de impressão, digitação ou mesmo restar alguma dúvida conceitual. Caso se constate algo assim, solicitamos a gentileza de nos comunicar através do *e-mail* editorial@editoraforum.com.br para que possamos esclarecer, no que couber. A sua contribuição é muito importante para mantermos a excelência editorial. A Editora Fórum agradece a sua contribuição.

Dados Internacionais de Catalogação na Publicação (CIP) de acordo com ISBD

B624n

Bittencourt, Sidney

A nova Lei de Licitações Públicas e o Estatuto Nacional das Microempresas: Comentários aos artigos específicos sobre licitações públicas contemplados pela Lei Complementar nº 123/2006, considerando a Nova Lei de Licitações (Lei nº 14.133/2021) / Sidney Bittencourt. - Belo Horizonte : Fórum, 2022.

171p.; 14,5cm x 21,5cm.
Inclui bibliografia.
ISBN: 978-65-5518-398-6

1. Direito Administrativo. 2. Administração Pública. 3. Administração de Empresas. 4. Direito Financeiro. 5. Intendência, Compras. 6. Contratos Administrativos. 7. Microempresas. 8. Direito Empresarial. I. Título.

CDD 341.3
CDU 342.9

2022-2156

Elaborado por Odilio Hilario Moreira Junior - CRB-8/9949

Informação bibliográfica deste livro, conforme a NBR 6023:2018 da Associação Brasileira de Normas Técnicas (ABNT):

BITTENCOURT, Sidney. *A nova Lei de Licitações Públicas e o Estatuto Nacional das Microempresas*: Comentários aos artigos específicos sobre licitações públicas contemplados pela Lei Complementar nº 123/2006, considerando a Nova Lei de Licitações (Lei nº 14.133/2021). Belo Horizonte: Fórum, 2022. XXX p. ISBN 978-65-5518-398-6.

Para Marcia, como sempre...

A igualdade jurídica, se imposta onde não há igualdade de fato, é o começo da injustiça.

(Dalmo de Abreu Dallari)

SUMÁRIO

PREFÁCIO
Ronny Charles Lopes de Torres 13

INTRODUÇÃO 17

A NOVA LEI DE LICITAÇÕES (LEI Nº 14.133, DE 1º DE ABRIL DE 2021) E AS MICROEMPRESAS 19

DISPOSITIVOS ESPECÍFICOS SOBRE LICITAÇÕES PÚBLICAS CONTEMPLADOS PELA LEI COMPLEMENTAR Nº 123/06, COM AS ALTERAÇÕES IMPOSTAS PELAS LEIS COMPLEMENTARES NºS 147/2014 E 155/2016 29

DISPOSITIVOS DA LEI Nº 14.133, DE 1º DE ABRIL DE 2021 (NOVA LEI DE LICITAÇÕES E CONTRATOS ADMINISTRATIVOS) QUE VERSAM SOBRE MICRO E PEQUENAS EMPRESAS 33

DISPOSITIVOS DA LEI Nº 14.133, DE 1º DE ABRIL DE 2021 (NOVA LEI DE LICITAÇÕES E CONTRATOS ADMINISTRATIVOS) QUE VERSAM SOBRE COOPERATIVAS 37

COMENTÁRIOS AOS ARTIGOS ESPECÍFICOS SOBRE LICITAÇÕES PÚBLICAS CONTEMPLADOS PELA LEI COMPLEMENTAR Nº 123/06, CONSIDERANDO AS ALTERAÇÕES IMPOSTAS PELAS LEIS COMPLEMENTARES NºS 147/2014 E 155/2016 E IMPACTOS DETERMINADOS PELA LEI Nº 14.133/2021 (NOVA LEI DE LICITAÇÕES E CONTRATOS ADMINISTRATIVOS) 39

ARTS. 42 E 43 DA LC Nº 123/06 (COM REDAÇÃO DADA PELA LC Nº 147/2014) 39
1 As contratações públicas 40
2 Os destinatários da Lei Complementar nº 123/06 52

2.1 O empresário......... 55
2.2 As sociedades......... 60
2.2.1 A sociedade simples......... 61
2.2.2 A sociedade empresária......... 63
2.2.3 A sociedade cooperativa......... 64
2.2.4 O microempreendedor individual e produtor rural pessoa física e o agricultor familiar conceituado na Lei nº 11.326/2006......... 71
2.3 A questão da comprovação do preenchimento dos requisitos para direito aos benefícios......... 72
3 O regime diferenciado......... 74
3.1 Os objetos das contratações......... 74
3.2 A regularidade fiscal *a posteriori*......... 75
3.2.1 O suprimento dos defeitos dos documentos de regularidade fiscal e trabalhista......... 76
3.2.2 A prorrogação do prazo para suprimento dos defeitos......... 79
3.2.3 O não suprimento dos defeitos......... 80
3.2.4 O marco inicial para a contagem do prazo para regularização da documentação fiscal......... 83

ART. 44 DA LC Nº 123/06......... 85
4 Novo critério de desempate nas licitações......... 85
4.1 O empate ficto......... 86
4.2 Tipos (critérios) licitatórios aplicáveis......... 88

ART. 45 DA LC Nº 123/06......... 91
5 Procedimentos para o desempate......... 91
5.1 O lapso temporal para oferecimento de nova proposta no pregão e nas demais modalidades......... 94
5.2 A questão da licitante "mais bem classificada"......... 95
5.3 A ausência do representante legal da licitante para exercício do direito de preferência......... 96

ART. 46 DA LC Nº 123/06......... 98
6 A criação de novo título de crédito no ordenamento jurídico brasileiro......... 98
6.1 A emissão do título de crédito somente após a concretização da despesa pública......... 105

ARTS. 47 E 48 DA LC Nº 123/06 (COM REDAÇÃO DADA PELA LC Nº 147/2014)......... 107
7 Outros tratamentos diferenciados: a questão das normas gerais e das normas específicas......... 108
7.1 A promoção do desenvolvimento econômico e social no âmbito municipal e regional, a ampliação da eficiência das políticas públicas e o incentivo à inovação tecnológica......... 109
7.2 Condições para o tratamento diferenciado......... 111

7.2.1 Licitações exclusivas para micro e pequenas empresas nas contratações cujo valor não exceda a R$80.000,00 (inciso I do art. 48) 112
7.2.2 Possibilidade de subcontratação compulsória de micro ou pequenas empresas (inciso II do art. 48) 118
7.2.3 Cota de até 25% do objeto para contratação de microempresas e pequenas empresas em aquisição de bens de natureza divisível (inciso III do art. 48) 123
7.3 Benefícios estabelecendo prioridade para as contratações de micro e pequenas empresas locais 127

ART. 49 DA LC Nº 123/06 (COM REDAÇÃO DADA PELA LC Nº 147/2014) 132
8 Vedações ao tratamento diferenciado 132
8.1 Inexistência do número mínimo de 3 (três) fornecedores competitivos enquadrados como micro ou pequenas empresas no local (inciso II do art. 49) 132
8.2 Situação desvantajosa para a Administração Pública ou prejudicial ao conjunto do objeto a ser contratado (inciso III do art. 49) 133
8.2.1 Quando a competição for dispendiosa para a Administração 134
8.2.2 Quando a competição comprometer o conjunto ou o complexo pretendido 134
8.3 Licitação dispensável ou inexigível (inciso IV do art. 49) 134

LEGISLAÇÃO

CONSTITUIÇÃO DA REPÚBLICA FEDERATIVA DO BRASIL DE 1988: EXCERTOS 139

LEI COMPLEMENTAR Nº 123, DE 14 DE DEZEMBRO DE 2006: EXCERTOS 141

DECRETO Nº 8.538, DE 6 DE OUTUBRO DE 2015 149

LEI Nº 11.488, DE 15 DE JUNHO DE 2007: EXCERTO 159

LEI Nº 10.406, DE 10 DE JANEIRO DE 2002: EXCERTOS 161

LEI Nº 4.320, DE 17 DE MARÇO DE 1964: EXCERTOS 163

REFERÊNCIAS 165

PREFÁCIO

Por diversos motivos, é uma grande honra colaborar com algumas linhas para o prefácio de uma obra do Professor Sidney Bittencourt. Entre esses motivos, está a gratidão que tenho a este consagrado e generoso jurista, destacado incentivador em meu início da jornada como autor. Já contei diversas vezes, em minhas aulas, sobre a importância de uma mensagem que recebi do Professor Sidney Bittencourt, autor que eu já acompanhava pela leitura de suas obras, comentando e elogiando o meu primeiro livro, "Leis de licitações públicas comentadas", ainda em sua primeira edição.

Naquele momento, permeado de incertezas e dúvidas sobre o meu futuro como autor, aquela mensagem de incentivo e apoio fez todo o sacrifício valer a pena, sendo fundamental para que eu seguisse em frente e ampliasse cada vez mais minha dedicação a essa missão.

Após aquela mensagem, ampliou-se a admiração e fluiu uma singular amizade, mesmo à distância, que nos permite trocar mensagens para conversar sobre livros, sobre novidades na área da contratação pública, sobre família e sobre a vida. Tenho no Professor Sidney Bittencourt uma referência para além dos livros e encontrá-lo nesse percurso foi um presente. Da mesma forma, considerei-me presenteado, pelo nobre jurista, com o convite para prefaciar a sua obra.

Além disso, ressaltam outros motivos, como a admiração pelos escritos do autor, por sua incansável produção acadêmica e pela importância do tema abordado nesta obra. Todos esses elementos, entre outros, deixam-me honrado com o convite e aumentam a minha responsabilidade ao atendê-lo.

Pois bem, a Lei Complementar nº 123/2006, enquanto Estatuto da Microempresa e Empresa de Pequeno Porte, inaugurou a inclusão de proposições especificamente relacionadas à participação dessas pessoas jurídicas nas contratações públicas, com regras de beneficiamento envolvendo desde o desempate ficto e a regularidade fiscal postergada, até as licitações diferenciadas, que permitem certames exclusivos ou preferências de contratação para MEs e EPPs.

A inovação provocada pela LC nº 123/2006 não pode ser compreendida como uma atitude isolada do Estado brasileiro. Diversos outros países adotam regras que prestigiam pequenas empresas, inclusive, nas contratações públicas. Os Estados Unidos, ainda durante a Segunda Guerra Mundial, já previam regras de beneficiamento para pequenas empresas, em determinadas contratações governamentais, e, ainda hoje, possuem regulamentos que claramente inspiraram parte das disposições da LC nº 123/2006, em relação ao acesso ao mercado pelas MEs/EPPs. Da mesma forma, Japão, Canadá e países europeus também possuem disposições que, de uma forma ou de outra, buscam prestigiar pequenas empresas nas contratações públicas, objetivando o desenvolvimento da economia nacional e a redução da concentração do poder econômico. A Diretiva 2014/24, da União Europeia, inclusive, deixa clara a necessidade de fomentar o incremento das pequenas e médias empresas nas seleções públicas, dado o potencial delas para a criação de emprego, o crescimento e a inovação, com benefícios para toda a sociedade.

Ocorre que, no Brasil, as regras de beneficiamento nas licitações para microempresas e empresas de pequeno porte, embora tenham auxiliado legitimamente o acesso a esse mercado público por muitos pequenos empreendedores, também permitiram a artificialização de determinados mercados, com a criação formal de pequenas empresas apenas com o intuito de disputar licitações reservadas a esse tipo de pessoa jurídica, prejudicando o beneficiamento social pretendido pelas regras da LC nº 123/2006.

Talvez por conta disso, o legislador, na Lei nº 14.133/2021, tenha criado regras limitadoras em relação à aplicação do beneficiamento proporcionado pelo Estatuto da microempresa e empresa de pequeno porte, para as contratações públicas submetidas ao regime da Nova Lei de Licitações e Contratos Administrativos (NLLCA).

Tal posição adotada pela NLLCA traz novos desafios ao aplicador do Direito. A devida compreensão das restrições preconizadas exigirá certo esforço, sobretudo daqueles que atuam na prática com licitações e contratos. É bem verdade que se deve coibir abusos outrora identificados, porém, é certo também que o fomento às microempresas e empresas de pequeno porte é fundamental para o crescimento econômico e o desenvolvimento local e regional, não podendo ser ignorado pelo Poder Público contratante.

Pois bem. Nesta obra, o autor Sidney Bittencourt enfrenta os diversos dilemas para a aplicação do regime de beneficiamento nas contratações públicas em favor das microempresas e empresas de pequeno porte, previsto na Lei Complementar nº 123/2006, já de acordo com as regras da Nova Lei de Licitações e Contratos Administrativos

(Lei nº 14.133/2021), analisando as disposições e propondo interpretação segura para o aplicador do direito.

É um trabalho de qualificada construção jurídica, para que os agentes públicos e privados possam entender as intrincadas regras de aplicação de benefícios a este importante segmento do Mercado, fundamental para o desenvolvimento local e regional.

O autor mergulha na análise técnico-jurídica dos dispositivos estabelecidos pelo legislador, não olvidando as necessárias críticas às disposições apresentadas pela lei ou pelo regulamento expedido pelo Poder Executivo.

O Professor Sidney Bittencourt nos brinda com seu posicionamento doutrinário, produto que é de toda a experiência acumulada e da *expertise* de um dos maiores especialistas em licitações e contratos do país.

Todo esse trabalho jurídico de pesquisa e de interpretação é imprescindível para a percepção adequada do tema, compatibilizando a regra positivada aos alicerces consagrados em nosso ordenamento constitucional, servindo como fonte de pesquisa e de orientação para magistrados, advogados, profissionais, estudantes e todos aqueles que pretendam aprofundar o seu conhecimento sobre o tema.

Ronny Charles Lopes de Torres
Advogado da União. Doutorando em
Direito do Estado. Mestre em Direito
Econômico e autor.

INTRODUÇÃO

Objetivando dar azo ao prescrito na alínea "d" do inciso III do art. 146 da Constituição Federal, acrescentada pela Emenda Constitucional nº 42, de 19.12.2003, que prescreve que cabe à Lei Complementar a "definição de tratamento diferenciado e favorecido para as microempresas e para as empresas de pequeno porte, inclusive regimes especiais ou simplificados no caso do imposto previsto no art. 155, II, das contribuições previstas no art. 195, I e §§12 e 13, e da contribuição a que se refere o art. 239", veio à tona no ordenamento jurídico brasileiro a Lei Complementar nº 123, de 14.12.2006, instituindo o Estatuto Nacional da Microempresa e da Empresa de Pequeno Porte.

Atendendo ao ditame constitucional, a Lei Complementar versa sobre a implantação de regime tributário diferenciado para as microempresas e pequenas empresas, em relação aos tributos da União, dos Estados, do Distrito Federal e dos Municípios.

Impende ressaltar que, quando o inciso IX do art. 170 da Carta Magna pavimenta as bases do sistema econômico nacional, elenca como princípio geral da atividade econômica o tratamento diferenciado para as microempresas e pequenas empresas, com a observação de "tratamento favorecido para as empresas de pequeno porte constituídas sob as leis brasileiras e que tenham sua sede e administração no País".

Na mesma linha, o art. 179 da Carta Maior, que prescreve:

> A União, os Estados, o Distrito Federal e os Municípios dispensarão às microempresas e às empresas de pequeno porte, assim definidas em lei, tratamento jurídico diferenciado, visando a incentivá-las pela simplificação de suas obrigações administrativas, tributárias, previdenciárias e creditícias, ou pela eliminação ou redução destas por meio de lei.

É cediço que o princípio da atividade econômica, aliado aos da livre iniciativa, da valorização do trabalho humano, da justiça social, da soberania econômica, da livre concorrência e da redução das desigualdades regionais e raciais, como leciona André Spínola, balizam o tratamento diferenciado, favorecido e simplificado aos micros e pequenos negócios.[1]

---

[1] SPÍNOLA. *O tratamento diferenciado, simplificado e favorecido concedido à microempresa e à empresa de pequeno porte. Princípios constitucionais da isonomia e da capacidade contributiva.*

A Lei Complementar nº 123/06, apesar de versar predominantemente sobre tema de natureza tributária, também dispôs sobre outras áreas do Direito, contendo regramentos que abrangem o Direito Trabalhista, o Direito Processual e o Direito Administrativo, sendo que, nesse último, prescreveu disposições sobre licitações públicas.

Vislumbra-se, preliminarmente, que a premissa do legislador foi a de que, a partir do asseguramento constitucional de proteção às micro e pequenas empresas, seria legítimo estender essa proteção às competições licitatórias, o que causou estranheza no âmbito da doutrina especializada. Joel Niebuhr, por exemplo, indignado, criticou, em artigo, a técnica legislativa adotada, considerando que o legislador "resolveu, meio ardilosamente, imiscuir-se na seara da licitação pública, prescrevendo normas abertamente incompatíveis com o regime jurídico que lhe é próprio, já bastante complicado, o que causa espécie e dificuldade de toda a sorte".[2]

Além disso, foi flagrante, diante de impropriedades de toda ordem, que o texto voltado às licitações públicas foi concebido sem a cautela requerida pela matéria. A técnica adotada não foi das melhores – longe disso –, o que permitiu que se suscitassem dúvidas quanto à experiência no tema de seu elaborador.

Na sequência, o Decreto federal nº 6.204, de 5.09.2007, regulamentou o assunto.

Com a necessidade de natural aperfeiçoamento, a Lei Complementar nº 123 sofreu importantes revisões em 2014 e 2016, com alterações impostas pelas Leis Complementares nºs 147 e 155, respectivamente, imprimindo nova dinâmica ao tema.

Em 2015, o Decreto nº 8.538 revogou o Decreto nº 6.204/07, estatuindo nova regulamentação à matéria. Posteriormente, tal normativo sofreu alterações determinadas pelo Decreto nº 10.273, de 13.03.2020.

Agora, com a edição da Nova Lei de Licitações e Contratos Administrativos (Lei nº 14.133, de 1º.04.2021), impactos significativos foram impostos ao tema.

A intenção deste trabalho é esmiuçar todos esses novos tópicos.

---

[2] NIEBUHR. *Repercussões do estatuto das microempresas e das empresas de pequeno porte em licitação pública.*

A NOVA LEI DE LICITAÇÕES (LEI Nº 14.133, DE 1º DE ABRIL DE 2021) E AS MICROEMPRESAS

A norma anterior de licitações, a Lei nº 8.666/1993, não continha previsão de tratamento diferenciado para as micro e pequenas empresas. Contudo, em 2006, o Estatuto Nacional da Microempresa e Empresa de Pequeno Porte (Lei Complementar nº 123, de 14.12.2006) prescreveu normas gerais para o tratamento diferenciado e favorecido a essas empresas, inclusive quanto à preferência nas aquisições de bens e serviços pela Administração Pública.

Tais regras, que constam dos arts. 42 a 49 da LC nº 123/06, foram expressamente acolhidas pela Nova Lei de Licitações (Lei nº 14.133/2021), no *caput* de seu art. 4º:

> Art. 4º Aplicam-se às licitações e contratos disciplinados por esta Lei as disposições constantes dos arts. 42 a 49 da Lei Complementar nº 123, de 14 de dezembro de 2006.

Não obstante, o parágrafo primeiro deste dispositivo preceitua duas situações de não aplicação das regras dos artigos citados da LC nº 123/06, afastando as prerrogativas das pessoas jurídicas protegidas pelo Estatuto das Microempresas.

> §1º As disposições a que se refere o caput deste artigo não são aplicadas:
> I – no caso de licitação para aquisição de bens ou contratação de serviços em geral, ao item cujo valor estimado for superior à receita bruta máxima admitida para fins de enquadramento como empresa de pequeno porte;
> II – no caso de contratação de obras e serviços de engenharia, às licitações cujo valor estimado for superior à receita bruta máxima admitida para fins de enquadramento como empresa de pequeno porte.

E mais: o parágrafo segundo do artigo limita os benefícios oferecidos às microempresas e às empresas de pequeno porte, prescrevendo que a obtenção de benefícios dispostos nos arts. 42 a 49 da LC nº 123/06 limitar-se-á às microempresas e às empresas de pequeno porte que, no ano-calendário de realização da licitação, ainda não tenham celebrado contratos com a Administração Pública cujos valores somados extrapolem a receita bruta máxima admitida para fins de enquadramento como empresa de pequeno porte (R$4.800.000,00 – quatro milhões e oitocentos mil reais), devendo o órgão ou a entidade exigir do licitante declaração de observância desse limite na licitação.

§2º A obtenção de benefícios a que se refere o caput deste artigo fica limitada às microempresas e às empresas de pequeno porte que, no ano-calendário de realização da licitação, ainda não tenham celebrado contratos com a Administração Pública cujos valores somados extrapolem a receita bruta máxima admitida para fins de enquadramento como empresa de pequeno porte, devendo o órgão ou a entidade exigir do licitante declaração de observância desse limite na licitação.

Por fim, o parágrafo terceiro do dispositivo informa que, na aplicação dos limites previstos nos §§1º e 2º, quando das contratações com prazo de vigência superior a 1 (um) ano, deverá ser considerado o valor anual do contrato.

§3º Nas contratações com prazo de vigência superior a 1 (um) ano, será considerado o valor anual do contrato na aplicação dos limites previstos nos §§1º e 2º deste artigo.

Além dessas previsões legais, a Nova Lei de Licitações (Lei nº 14.133/2021) instituiu outros mecanismos voltados às micro e pequenas empresas.

O art. 15 elenca as normas para que as pessoas jurídicas possam participar de licitações por intermédio da constituição de consórcios, salvo vedação justificada no processo licitatório.

A expressão "consórcio" conota união, combinação, associação, possuindo diversas acepções análogas, tanto no direito quanto em outras áreas de conhecimento, invocando sempre uma forma de junção.

Derivado do latim *consortium* (que participa, partilha), no sentido técnico-jurídico, o vocábulo indica uma associação de empresários que se conservam independentes.

O consórcio de empresas ocorre quando empresários, por meio de um contrato, juntam-se, sem perda de autonomia e conservando sua personalidade jurídica, para execução de determinado empreendimento.

Em regra, o consórcio empresarial é constituído com o intuito da realização de atividades que os participantes, isoladamente, não poderiam promover. A união em consórcio aumenta a capacidade de realização. Como explicita Arnoldo Wald, o consórcio é, pois, um multiplicador de atividades que assegura uma nova faixa de atuação para o consorciado.

Disciplinam o consórcio os arts. 278 e 279 da Lei nº 6.404/76, os quais discernem que se trata de uma associação entre sociedades, sem personalidade jurídica, onde os consorciados somente se obrigam nas condições previstas no respectivo contrato, respondendo cada um por suas obrigações, sem presunção de solidariedade. Assim, o consórcio nada mais é que uma união de esforços, numa associação temporária de duas ou mais sociedades, visando à consecução de determinado objetivo, caracterizando-se pela transitoriedade e pela manutenção da autonomia jurídica de cada ente consorciado.

Nesse viés, a Nova Lei de Licitações entende o consórcio[1] como a associação de empresas objetivando a participação em licitação, tornando possível que, detendo atributos diversos, conjuguem interesses e esforços de modo a formularem proposta unitária.

Na elaboração do edital licitatório, caberá à Administração avaliar se será permitida a participação no certame de empresas consorciadas, partindo do pressuposto de que empresas isoladamente dificilmente teriam condições para execução do objeto pretendido.

---

[1] Os artigos 278 e 279 da Lei nº 6.404/76 (Lei das Sociedades Anônimas) disciplinam a associação entre sociedades denominada consórcio. "Art. 278. As companhias e quaisquer outras sociedades, sob o mesmo controle ou não, podem constituir consórcio para executar determinado empreendimento, observado o disposto neste Capítulo. §1º O consórcio não tem personalidade jurídica e as consorciadas somente se obrigam nas condições previstas no respectivo contrato, respondendo cada uma por suas obrigações, sem presunção de solidariedade. §2º A falência de uma consorciada não se estende às demais, subsistindo o consórcio com as outras contratantes; os créditos que porventura tiver a falida serão apurados e pagos na forma prevista no contrato de consórcio. Art. 279. O consórcio será constituído mediante contrato aprovado pelo órgão da sociedade competente para autorizar a alienação de bens do ativo não circulante, do qual constarão: (Redação dada pela Lei nº 11.941, de 2009); I – a designação do consórcio se houver; II – o empreendimento que constitua o objeto do consórcio; III – a duração, endereço e foro; IV – a definição das obrigações e responsabilidade de cada sociedade consorciada, e das prestações específicas; V – normas sobre recebimento de receitas e partilha de resultados; VI – normas sobre administração do consórcio, contabilização, representação das sociedades consorciadas e taxa de administração, se houver; VII – forma de deliberação sobre assuntos de interesse comum, com o número de votos que cabe a cada consorciado; VIII – contribuição de cada consorciado para as despesas comuns, se houver. Parágrafo único. O contrato de consórcio e suas alterações serão arquivados no registro do comércio do lugar da sua sede, devendo a certidão do arquivamento ser publicada".

Por outro lado, a vedação à participação dos consórcios poderá ser plenamente justificável, como, por exemplo, quando da opção pelo fracionamento do objeto, que poderá ser determinante para a ampliação da disputa.

Apesar do assentimento para a participação de consórcios em competições licitatórias se revestir de natureza discricionária, há situações, de ordem técnica e/ou financeira, que impõem a autorização, em face do pleno atendimento ao princípio da competitividade.

TCU Acórdão nº 2.292/2010 – Min. Relator José Jorge
[...] É importante observar que as limitações impostas no Edital nº 083/2008 com relação à proibição de subcontratação [...] aliado à proibição de participação de empresas em consórcio, ao invés de ampliar o leque de licitantes, na verdade, o limitou, pois apenas uma empresa se mostrou habilitada no certame. O Acórdão TCU nº 1417/2008-Plenário esclarece de forma cristalina esse entendimento, principalmente quando se refere a questões de alta complexidade que impedem a participação isolada de empresas, por não atenderem requisitos de habilitação exigidos no edital, *verbis*: 1. (...) Lei de Licitações atribui à Administração a prerrogativa de admitir a participação de consórcios nas licitações. 2. A regra, no procedimento licitatório, é a participação de empresas individualmente em disputa umas com as outras, permitindo-se a união de esforços quando questões de alta complexidade e de relevante vulto impeçam a participação isolada de empresas com condições de, sozinhas, atenderem a todos os requisitos de habilitação exigidos no edital, casos em que a participação em consórcio ampliaria o leque de concorrentes.

Acórdão nº 2.992/2011 – Min. Relator Valmir Campelo
Aliás, quando a lei possibilita a formação de consórcios, é justamente no intuito de possibilitar a soma das capacidades operacionais das interessadas, de modo a ampliar a competitividade. Não se justificaria, por óbvio, restringir a concorrência de todo o certame por apenas pequena parcela dele.

Tribunal de Justiça – MG – Mandado de Segurança nº 1.0000.00.277600-3/000. 8ª Câmara Cível. Relator: Des. Roney Oliveira. *DJ*, Minas Gerais, 10 out. 2003. – Mandado de Segurança – Administrativo – Licitação – Vedação – A Participação de empresas em consórcio – Possibilidade – 1 – A participação de empresas consorciadas em licitações públicas não é obrigatória, podendo ser admitida ou não pela Administração, dentro do seu poder discricionário [...].

Por outro lado, é possível a ocorrência de situações que amparem a limitação do número de empresas consorciadas num certame, como, por exemplo, a capacidade de gestão da própria Administração.

Nesse sentido, o TCU já se manifestou pela possiblidade, desde que devidamente justificada:

> Acórdão nº 718/2011-Plenário: Denúncia formulada ao TCU indicou possíveis irregularidades, em concorrência internacional, quanto ao impedimento em cláusula editalícia de participação de consórcios, o que poderia restringir o caráter competitivo do certame. O órgão jurisdicionado, ao ser consultado, solicitou ao Tribunal autorização em caráter excepcional para que aceitasse a formação de consórcios com, no máximo, três empresas. A unidade técnica ressaltou que "o Tribunal tem decidido que, por ausência de previsão legal, é irregular a condição que estabeleça número mínimo ou máximo de empresas participantes no consórcio. Esta Corte de Contas tem entendido que, se a Lei deixa à discricionariedade administrativa a decisão de permitir a participação no certame de empresas em consórcio, ao permiti-la, a Administração deverá observar as disposições contidas no art. 33, da Lei nº 8.666/1993, não podendo estabelecer condições não previstas expressamente na Lei, mormente quando restritivas ao caráter competitivo da licitação". Entretanto, no caso concreto, por tratar-se de obra relativa à infraestrutura aeroportuária para a Copa do Mundo de 2014, o Relator concordou com a análise da unidade técnica em relação à possibilidade de limitação do número máximo de empresas participantes do consórcio, como forma de impedir a "pulverização de responsabilidades". Ressaltou, no entanto, que o órgão jurisdicionado deverá justificar a decisão de eventual limitação a um número máximo de empresas integrantes em cada consórcio.

Nesse viés, a Nova Lei de Licitações trouxe a previsão, em seu §4º, de que, havendo justificativa técnica aprovada pela autoridade competente, o edital de licitação poderá estabelecer limite máximo ao número de empresas consorciadas.

Prevê o inc. III que cada um dos participantes do consórcio deverá apresentar, de maneira individualizada, a documentação exigida. Na hipótese de qualificação técnica e econômico-financeira, o atingimento das exigências e valores, respectivamente, considerará o somatório dos quantitativos dos consorciados.

Conforme preceitua o §1º, no caso da habilitação econômico-financeira, o edital de licitação deverá estabelecer para o consórcio o acréscimo de 10% (dez por cento) a 30% (trinta por cento) sobre o valor exigido de licitante individual, salvo justificação. Tal acréscimo, entretanto, não poderá ser exigido se o consórcio for formado integralmente por micro e pequenas empresas, consoante o preceituado no §2º.[2]

---

[2] Calha ressaltar que, instado a manifestar-se sobre o assunto, o TCU concluiu que a simples permissão do somatório dos atestados dos consorciados poderia acarretar a habilitação

Art. 15. Salvo vedação devidamente justificada no processo licitatório, pessoa jurídica poderá participar de licitação em consórcio, observadas as seguintes normas:

I – comprovação de compromisso público ou particular de constituição de consórcio, subscrito pelos consorciados;

II – indicação da empresa líder do consórcio, que será responsável por sua representação perante a Administração;

III – admissão, para efeito de habilitação técnica, do somatório dos quantitativos de cada consorciado e, para efeito de habilitação econômico-financeira, do somatório dos valores de cada consorciado;

IV – impedimento de a empresa consorciada participar, na mesma licitação, de mais de um consórcio ou de forma isolada;

V – responsabilidade solidária dos integrantes pelos atos praticados em consórcio, tanto na fase de licitação quanto na de execução do contrato.

§1º O edital deverá estabelecer para o consórcio acréscimo de 10% (dez por cento) a 30% (trinta por cento) sobre o valor exigido de licitante individual para a habilitação econômico-financeira, salvo justificação.

§2º *O acréscimo previsto no §1º deste artigo não se aplica aos consórcios compostos, em sua totalidade, de microempresas e pequenas empresas, assim definidas em lei.*

§3º O licitante vencedor é obrigado a promover, antes da celebração do contrato, a constituição e o registro do consórcio, nos termos do compromisso referido no inciso I do caput deste artigo.

§4º Desde que haja justificativa técnica aprovada pela autoridade competente, o edital de licitação poderá estabelecer limite máximo para o número de empresas consorciadas.

§5º A substituição de consorciado deverá ser expressamente autorizada pelo órgão ou entidade contratante e condicionada à comprovação de que a nova empresa do consórcio possui, no mínimo, os mesmos quantitativos para efeito de habilitação técnica e os mesmos valores para efeito de qualificação econômico-financeira apresentados pela empresa substituída para fins de habilitação do consórcio no processo licitatório que originou o contrato.

O art. 81 prescreve que a Administração Pública poderá solicitar à iniciativa privada, mediante procedimento aberto de manifestação de interesse a ser iniciado com a publicação de edital de chamamento público, a propositura e a realização de estudos, investigações,

---

de duas empresas que somente tivessem executado serviços em quantidade equivalente à metade da exigida para a comprovação da capacidade técnica. Assim, entendeu a Corte de Contas federal que não seria plausível a presunção automática de que a reunião de quantitativos de empresas demandaria a satisfação plena do pretendido para a verificação habilitatória (Decisão nº 1.090/2001-Plenário).

levantamentos e projetos de soluções inovadoras que contribuam com questões de relevância pública.

Numa panorâmica da Nova Lei de Licitações, ver-se-á uma efetiva tendência na busca de colaboração da iniciativa privada. O diploma exporta o diálogo competitivo da norma europeia, admite a contratação para o auxílio na licitação, partilha riscos nos contratos com o setor privado, prevê margens de preferência adicional, prêmios para inovação na modalidade de licitação do tipo concurso e, principalmente, abre-se ao Procedimento da Manifestação de Interesse (PMI), permitindo a participação efetiva de interessados privados.

Grande parte das concessões comuns e das Parcerias Público-Privadas (PPP) brasileiras tem sido estruturada por intermédio do PMI, que, em síntese, configura-se por intermédio do oferecimento de oportunidades aos particulares para elaborarem modelagens com vistas à estruturação da delegação de utilidades públicas.

Na prática, a Administração expede um edital de chamamento público para que os eventuais interessados privados apresentem estudos e projetos específicos, conforme regras predefinidas, que poderão ser úteis à elaboração do edital de licitação pública e ao contrato.

Tendo em vista que o PMI é um instrumento que tem dado certo nas concessões, com resultados bastante eficientes, entendeu o legislador que também poderia ser viabilizado nas licitações da Nova Lei.

Apesar de a possibilidade do uso do PMI nas licitações dividir opiniões, é certo que a intenção da introdução do Procedimento na Nova Lei, pelo perfil da ferramenta, é oferecer maior eficiência e segurança jurídica à celebração de contratos públicos nas modelagens de licitação mais eficientes. Tanto é que o diploma traz, inovadoramente, a possibilidade de uso do PMI restrito a *startups*, assim considerados os microempreendedores individuais, as microempresas e as empresas de pequeno porte, de natureza emergente e com grande potencial, que se dediquem à pesquisa, ao desenvolvimento e à implementação de novos produtos ou serviços baseados em soluções tecnológicas inovadoras que possam causar alto impacto.

> Art. 81. A Administração poderá solicitar à iniciativa privada, mediante procedimento aberto de manifestação de interesse a ser iniciado com a publicação de edital de chamamento público, a propositura e a realização de estudos, investigações, levantamentos e projetos de soluções inovadoras que contribuam com questões de relevância pública, na forma de regulamento.

§1º Os estudos, as investigações, os levantamentos e os projetos vinculados à contratação e de utilidade para a licitação, realizados pela Administração ou com a sua autorização, estarão à disposição dos interessados, e o vencedor da licitação deverá ressarcir os dispêndios correspondentes, conforme especificado no edital.

§2º A realização, pela iniciativa privada, de estudos, investigações, levantamentos e projetos em decorrência do procedimento de manifestação de interesse previsto no caput deste artigo:

I – não atribuirá ao realizador direito de preferência no processo licitatório;

II – não obrigará o poder público a realizar licitação;

III – não implicará, por si só, direito a ressarcimento de valores envolvidos em sua elaboração;

IV – será remunerada somente pelo vencedor da licitação, vedada, em qualquer hipótese, a cobrança de valores do poder público.

§3º Para aceitação dos produtos e serviços de que trata o caput deste artigo, a Administração deverá elaborar parecer fundamentado com a demonstração de que o produto ou serviço entregue é adequado e suficiente à compreensão do objeto, de que as premissas adotadas são compatíveis com as reais necessidades do órgão e de que a metodologia proposta é a que propicia maior economia e vantagem entre as demais possíveis.

§4º O procedimento previsto no caput deste artigo poderá ser restrito a startups, assim considerados os microempreendedores individuais, as microempresas e as empresas de pequeno porte, de natureza emergente e com grande potencial, que se dediquem à pesquisa, ao desenvolvimento e à implementação de novos produtos ou serviços baseados em soluções tecnológicas inovadoras que possam causar alto impacto, exigida, na seleção definitiva da inovação, validação prévia fundamentada em métricas objetivas, de modo a demonstrar o atendimento das necessidades da Administração.

O art. 141 sinaliza o dever de pagamento pela Administração, com observação da ordem cronológica para cada fonte diferenciada de recursos, subdividindo-a em categorias de contratos (fornecimento de bens, locações, prestação de serviços e realização de obras).

Contudo, essa ordem cronológica poderá ser alterada, mediante prévia justificativa da autoridade competente e posterior comunicação ao órgão de controle interno da Administração e ao tribunal de contas competente, em situações exclusivas, sendo uma delas o pagamento à microempresa, à empresa de pequeno porte, a agricultor familiar, a produtor rural pessoa física, a microempreendedor individual e à sociedade cooperativa, desde que demonstrado o risco de descontinuidade do cumprimento do objeto do contrato.

Art. 141. No dever de pagamento pela Administração, será observada a ordem cronológica para cada fonte diferenciada de recursos, subdividida nas seguintes categorias de contratos:

I – fornecimento de bens;

II – locações;

III – prestação de serviços;

IV – realização de obras.

§1º *A ordem cronológica referida no caput deste artigo poderá ser alterada, mediante prévia justificativa da autoridade competente e posterior comunicação ao órgão de controle interno da Administração e ao tribunal de contas competente, exclusivamente nas seguintes situações:*

I – grave perturbação da ordem, situação de emergência ou calamidade pública;

II – *pagamento a microempresa, empresa de pequeno porte, agricultor familiar, produtor rural pessoa física, microempreendedor individual e sociedade cooperativa, desde que demonstrado o risco de descontinuidade do cumprimento do objeto do contrato;*

III – pagamento de serviços necessários ao funcionamento dos sistemas estruturantes, desde que demonstrado o risco de descontinuidade do cumprimento do objeto do contrato;

IV – pagamento de direitos oriundos de contratos em caso de falência, recuperação judicial ou dissolução da empresa contratada;

V – pagamento de contrato cujo objeto seja imprescindível para assegurar a integridade do patrimônio público ou para manter o funcionamento das atividades finalísticas do órgão ou entidade, quando demonstrado o risco de descontinuidade da prestação de serviço público de relevância ou o cumprimento da missão institucional.

§2º A inobservância imotivada da ordem cronológica referida no *caput* deste artigo ensejará a apuração de responsabilidade do agente responsável, cabendo aos órgãos de controle a sua fiscalização.

§3º O órgão ou entidade deverá disponibilizar, mensalmente, em seção específica de acesso à informação em seu sítio na internet, a ordem cronológica de seus pagamentos, bem como as justificativas que fundamentarem a eventual alteração dessa ordem.

DISPOSITIVOS ESPECÍFICOS SOBRE LICITAÇÕES PÚBLICAS CONTEMPLADOS PELA LEI COMPLEMENTAR Nº 123/06, COM AS ALTERAÇÕES IMPOSTAS PELAS LEIS COMPLEMENTARES NºS 147/2014 E 155/2016

LEI COMPLEMENTAR Nº 123, DE 14 DE DEZEMBRO DE 2006

Institui o Estatuto Nacional da Microempresa e da Empresa de Pequeno Porte

(...)

CAPÍTULO V
(Redação dada pela Lei Complementar nº 147, de 2014)

DO ACESSO AOS MERCADOS

Seção I
Das Aquisições Públicas

Art. 42. *Nas licitações públicas, a comprovação de regularidade fiscal e trabalhista das microempresas e das empresas de pequeno porte somente será exigida para efeito de assinatura do contrato. (Redação dada pela Lei Complementar nº 155, de 2016)*

Art. 43. *As microempresas e as empresas de pequeno porte, por ocasião da participação em certames licitatórios, deverão apresentar toda a documentação exigida para efeito de comprovação de regularidade fiscal e trabalhista, mesmo* que esta apresente alguma restrição. (Redação dada pela Lei Complementar nº 155, de 2016)

§1º Havendo alguma restrição na comprovação da regularidade fiscal e trabalhista, será assegurado o prazo de cinco dias úteis, cujo termo inicial corresponderá ao momento em que o proponente for declarado vencedor do certame, prorrogável por igual período, a critério da administração pública, para regularização da documentação, para pagamento ou parcelamento do débito e para emissão de eventuais certidões negativas ou positivas com efeito de certidão negativa. (Redação dada pela Lei Complementar nº 155, de 2016)

§2º A não-regularização da documentação, no prazo previsto no §1º deste artigo, implicará decadência do direito à contratação, sem prejuízo das sanções previstas no art. 81 da Lei nº 8.666, de 21 de junho de 1993, sendo facultado à Administração convocar os licitantes remanescentes, na ordem de classificação, para a assinatura do contrato, ou revogar a licitação.

Art. 44. Nas licitações será assegurada, como critério de desempate, preferência de contratação para as microempresas e empresas de pequeno porte.

§1º Entende-se por empate aquelas situações em que as propostas apresentadas pelas microempresas e empresas de pequeno porte sejam iguais ou até 10% (dez por cento) superiores à proposta mais bem classificada.

§2º Na modalidade de pregão, o intervalo percentual estabelecido no §1º deste artigo será de até 5% (cinco por cento) superior ao melhor preço.

Art. 45. Para efeito do disposto no art. 44 desta Lei Complementar, ocorrendo o empate, proceder-se-á da seguinte forma:

I – a microempresa ou empresa de pequeno porte mais bem classificada poderá apresentar proposta de preço inferior àquela considerada vencedora do certame, situação em que será adjudicado em seu favor o objeto licitado;

II – não ocorrendo a contratação da microempresa ou empresa de pequeno porte, na forma do inciso I do caput deste artigo, serão convocadas as remanescentes que porventura se enquadrem na hipótese dos §§1º e 2º do art. 44 desta Lei Complementar, na ordem classificatória, para o exercício do mesmo direito;

III – no caso de equivalência dos valores apresentados pelas microempresas e empresas de pequeno porte que se encontrem nos intervalos estabelecidos nos §§1º e 2º do art. 44 desta Lei Complementar, será realizado sorteio entre elas para que se identifique aquela que primeiro poderá apresentar melhor oferta.

§1º Na hipótese da não-contratação nos termos previstos no caput deste artigo, o objeto licitado será adjudicado em favor da proposta originalmente vencedora do certame.

§2º O disposto neste artigo somente se aplicará quando a melhor oferta inicial não tiver sido apresentada por microempresa ou empresa de pequeno porte.

§3º No caso de pregão, a microempresa ou empresa de pequeno porte mais bem classificada será convocada para apresentar nova proposta no prazo máximo de 5 (cinco) minutos após o encerramento dos lances, sob pena de preclusão.

Art. 46. A microempresa e a empresa de pequeno porte titular de direitos creditórios decorrentes de empenhos liquidados por órgãos e entidades da União, Estados, Distrito Federal e Município não pagos em até 30 (trinta) dias contados da data de liquidação poderão emitir cédula de crédito microempresarial.

Art. 47. Nas contratações públicas da administração direta e indireta, autárquica e fundacional, federal, estadual e municipal, deverá ser concedido tratamento diferenciado e simplificado para as microempresas e empresas de pequeno porte objetivando a promoção do desenvolvimento econômico e social no âmbito municipal e regional, a ampliação da eficiência das políticas públicas e o incentivo à inovação tecnológica. (Redação dada pela Lei Complementar nº 147, de 2014)
Parágrafo único. No que diz respeito às compras públicas, enquanto não sobrevier legislação estadual, municipal ou regulamento específico de cada órgão mais favorável à microempresa e empresa de pequeno porte, aplica-se a legislação federal. (Incluído pela Lei Complementar nº 147, de 2014)

Art. 48. Para o cumprimento do disposto no art. 47 desta Lei Complementar, a administração pública: (Redação dada pela Lei Complementar nº 147, de 2014)
I – deverá realizar processo licitatório destinado exclusivamente à participação de microempresas e empresas de pequeno porte nos itens de contratação cujo valor seja de até R$80.000,00 (oitenta mil reais); (Redação dada pela Lei Complementar nº 147, de 2014)
II – poderá, em relação aos processos licitatórios destinados à aquisição de obras e serviços, exigir dos licitantes a subcontratação de microempresa ou empresa de pequeno porte; (Redação dada pela Lei Complementar nº 147, de 2014)
III – deverá estabelecer, em certames para aquisição de bens de natureza divisível, cota de até 25% (vinte e cinco por cento) do objeto para a contratação de microempresas e empresas de pequeno porte. (Redação dada pela Lei Complementar nº 147, de 2014)
§1º (Revogado).
§2º Na hipótese do inciso II do caput deste artigo, os empenhos e pagamentos do órgão ou entidade da administração pública poderão ser destinados diretamente às microempresas e empresas de pequeno porte subcontratadas.
§3º Os benefícios referidos no caput deste artigo poderão, justificadamente, estabelecer a prioridade de contratação para as microempresas e empresas de pequeno

porte sediadas local ou regionalmente, até o limite de 10% (dez por cento) do melhor preço válido. (Incluído pela Lei Complementar nº 147, de 2014)

Art. 49. Não se aplica o disposto nos arts. 47 e 48 desta Lei Complementar quando:

I – (Revogado);

II – não houver um mínimo de 3 (três) fornecedores competitivos enquadrados como microempresas ou empresas de pequeno porte sediados local ou regionalmente e capazes de cumprir as exigências estabelecidas no instrumento convocatório;

III – o tratamento diferenciado e simplificado para as microempresas e empresas de pequeno porte não for vantajoso para a administração pública ou representar prejuízo ao conjunto ou complexo do objeto a ser contratado;

IV – a licitação for dispensável ou inexigível, nos termos dos arts. 24 e 25 da Lei nº 8.666, de 21 de junho de 1993, excetuando-se as dispensas tratadas pelos incisos I e II do art. 24 da mesma Lei, nas quais a compra deverá ser feita preferencialmente de microempresas e empresas de pequeno porte, aplicando-se o disposto no inciso I do art. 48. (Redação dada pela Lei Complementar nº 147, de 2014).

DISPOSITIVOS DA LEI Nº 14.133, DE 1º DE ABRIL DE 2021 (NOVA LEI DE LICITAÇÕES E CONTRATOS ADMINISTRATIVOS) QUE VERSAM SOBRE MICRO E PEQUENAS EMPRESAS

LEI Nº 14.133, DE 1º DE ABRIL DE 2021

Lei de Licitações e Contratos Administrativos

(...)

Art. 4º Aplicam-se às licitações e contratos disciplinados por esta Lei as disposições constantes dos arts. 42 a 49 da Lei Complementar nº 123, de 14 de dezembro de 2006.

§1º As disposições a que se refere o caput deste artigo não são aplicadas:

I – no caso de licitação para aquisição de bens ou contratação de serviços em geral, ao item cujo valor estimado for superior à receita bruta máxima admitida para fins de enquadramento como empresa de pequeno porte;

II – no caso de contratação de obras e serviços de engenharia, às licitações cujo valor estimado for superior à receita bruta máxima admitida para fins de enquadramento como empresa de pequeno porte.

§2º A obtenção de benefícios a que se refere o caput deste artigo fica limitada às microempresas e às empresas de pequeno porte que, no ano-calendário de realização da licitação, ainda não tenham celebrado contratos com a Administração Pública cujos valores somados extrapolem a receita bruta máxima admitida para fins de enquadramento como empresa de pequeno porte, devendo o órgão ou entidade exigir do licitante declaração de observância desse limite na licitação.

§3º Nas contratações com prazo de vigência superior a 1 (um) ano, será considerado o valor anual do contrato na aplicação dos limites previstos nos §§1º e 2º deste artigo.

(...)

Art. 15. Salvo vedação devidamente justificada no processo licitatório, pessoa jurídica poderá participar de licitação em consórcio, observadas as seguintes normas:
I – comprovação de compromisso público ou particular de constituição de consórcio, subscrito pelos consorciados;
II – indicação da empresa líder do consórcio, que será responsável por sua representação perante a Administração;
III – admissão, para efeito de habilitação técnica, do somatório dos quantitativos de cada consorciado e, para efeito de habilitação econômico-financeira, do somatório dos valores de cada consorciado;
IV – impedimento de a empresa consorciada participar, na mesma licitação, de mais de um consórcio ou de forma isolada;
V – responsabilidade solidária dos integrantes pelos atos praticados em consórcio, tanto na fase de licitação quanto na de execução do contrato.
§1º O edital deverá estabelecer para o consórcio acréscimo de 10% (dez por cento) a 30% (trinta por cento) sobre o valor exigido de licitante individual para a habilitação econômico-financeira, salvo justificação.

§2º O acréscimo previsto no §1º deste artigo não se aplica aos consórcios compostos, em sua totalidade, de microempresas e pequenas empresas, assim definidas em lei.

§3º O licitante vencedor é obrigado a promover, antes da celebração do contrato, a constituição e o registro do consórcio, nos termos do compromisso referido no inciso I do caput deste artigo.
§4º Desde que haja justificativa técnica aprovada pela autoridade competente, o edital de licitação poderá estabelecer limite máximo para o número de empresas consorciadas.
§5º A substituição de consorciado deverá ser expressamente autorizada pelo órgão ou entidade contratante e condicionada à comprovação de que a nova empresa do consórcio possui, no mínimo, os mesmos quantitativos para efeito de habilitação técnica e os mesmos valores para efeito de qualificação econômico-financeira apresentados pela empresa substituída para fins de habilitação do consórcio no processo licitatório que originou o contrato.

(...)

Art. 60. Em caso de empate entre duas ou mais propostas, serão utilizados os seguintes critérios de desempate, nesta ordem:
I – disputa final, hipótese em que os licitantes empatados poderão apresentar nova proposta em ato contínuo à classificação;
II – avaliação do desempenho contratual prévio dos licitantes, para a qual deverão preferencialmente ser utilizados registros cadastrais para efeito de atesto de cumprimento de obrigações previstos nesta Lei;
III – desenvolvimento pelo licitante de ações de equidade entre homens e mulheres no ambiente de trabalho, conforme regulamento;
IV – desenvolvimento pelo licitante de programa de integridade, conforme orientações dos órgãos de controle.
§1º Em igualdade de condições, se não houver desempate, será assegurada preferência, sucessivamente, aos bens e serviços produzidos ou prestados por:
I – empresas estabelecidas no território do Estado ou do Distrito Federal do órgão ou entidade da Administração Pública estadual ou distrital licitante ou, no caso de licitação realizada por órgão ou entidade de Município, no território do Estado em que este se localize;
II – empresas brasileiras;
III – empresas que invistam em pesquisa e no desenvolvimento de tecnologia no País;
IV – empresas que comprovem a prática de mitigação, nos termos da Lei nº 12.187, de 29 de dezembro de 2009.
§2º As regras previstas no caput deste artigo não prejudicarão a aplicação do disposto no art. 44 da Lei Complementar nº 123, de 14 de dezembro de 2006.

(...)

Art. 81. A Administração poderá solicitar à iniciativa privada, mediante procedimento aberto de manifestação de interesse a ser iniciado com a publicação de edital de chamamento público, a propositura e a realização de estudos, investigações, levantamentos e projetos de soluções inovadoras que contribuam com questões de relevância pública, na forma de regulamento.
(...)
§4º O procedimento previsto no caput deste artigo poderá ser restrito a startups, assim considerados os microempreendedores individuais, as microempresas e as empresas de pequeno porte, de natureza emergente e com grande potencial, que se dediquem à pesquisa, ao desenvolvimento e à implementação de novos produtos ou serviços baseados em soluções tecnológicas inovadoras que possam causar alto impacto, exigida, na seleção definitiva da inovação, validação prévia fundamentada em

métricas objetivas, de modo a demonstrar o atendimento das necessidades da Administração.

(...)

Art. 141. No dever de pagamento pela Administração, será observada a ordem cronológica para cada fonte diferenciada de recursos, subdividida nas seguintes categorias de contratos:
I – fornecimento de bens;
II – locações;
III – prestação de serviços;
IV – realização de obras.

§1º A ordem cronológica referida no caput deste artigo poderá ser alterada, mediante prévia justificativa da autoridade competente e posterior comunicação ao órgão de controle interno da Administração e ao tribunal de contas competente, exclusivamente nas seguintes situações:
I – grave perturbação da ordem, situação de emergência ou calamidade pública;
*II – **pagamento a microempresa, empresa de pequeno porte, agricultor familiar, produtor rural pessoa física, microempreendedor individual e sociedade cooperativa, desde que demonstrado o risco de descontinuidade do cumprimento do objeto do contrato;** [...]*

DISPOSITIVOS DA LEI Nº 14.133, DE 1º DE ABRIL DE 2021 (NOVA LEI DE LICITAÇÕES E CONTRATOS ADMINISTRATIVOS) QUE VERSAM SOBRE COOPERATIVAS

LEI Nº 14.133, DE 1º DE ABRIL DE 2021

Lei de Licitações e Contratos Administrativos

Art. 9º *É vedado ao agente público designado para atuar na área de licitações e contratos, ressalvados os casos previstos em lei:*

I – admitir, prever, incluir ou tolerar, nos atos que praticar, situações que:

a) comprometam, restrinjam ou frustrem o caráter competitivo do processo licitatório, inclusive nos casos de participação de sociedades cooperativas;

(...)

Art. 16. *Os profissionais organizados sob a forma de cooperativa poderão participar de licitação quando:*

I – a constituição e o funcionamento da cooperativa observarem as regras estabelecidas na legislação aplicável, em especial a Lei nº 5.764, de 16 de dezembro de 1971, a Lei nº 12.690, de 19 de julho de 2012, e a Lei Complementar nº 130, de 17 de abril de 2009;

II – a cooperativa apresentar demonstrativo de atuação em regime cooperado, com repartição de receitas e despesas entre os cooperados;

III – qualquer cooperado, com igual qualificação, for capaz de executar o objeto contratado, vedado à Administração indicar nominalmente pessoas;

IV – o objeto da licitação referir-se, em se tratando de cooperativas enquadradas na Lei nº 12.690, de 19 de julho de 2012, a serviços especializados constantes do objeto social da cooperativa, a serem executados de forma complementar à sua atuação.

(...)

Art. 75. É dispensável a licitação:
(...)
IV – para contratação que tenha por objeto:
(...)
j) coleta, processamento e comercialização de resíduos sólidos urbanos recicláveis ou reutilizáveis, em áreas com sistema de coleta seletiva de lixo, realizados por associações ou cooperativas formadas exclusivamente de pessoas físicas de baixa renda reconhecidas pelo poder público como catadores de materiais recicláveis, com o uso de equipamentos compatíveis com as normas técnicas, ambientais e de saúde pública;

(...)

Art. 141. No dever de pagamento pela Administração, será observada a ordem cronológica para cada fonte diferenciada de recursos, subdividida nas seguintes categorias de contratos:
(...)
II – pagamento a microempresa, empresa de pequeno porte, agricultor familiar, produtor rural pessoa física, microempreendedor individual e sociedade cooperativa, desde que demonstrado o risco de descontinuidade do cumprimento do objeto do contrato; [...]

COMENTÁRIOS AOS ARTIGOS ESPECÍFICOS SOBRE LICITAÇÕES PÚBLICAS CONTEMPLADOS PELA LEI COMPLEMENTAR Nº 123/06, CONSIDERANDO AS ALTERAÇÕES IMPOSTAS PELAS LEIS COMPLEMENTARES NºS 147/2014 E 155/2016 E IMPACTOS DETERMINADOS PELA LEI Nº 14.133/2021 (NOVA LEI DE LICITAÇÕES E CONTRATOS ADMINISTRATIVOS)

ARTS. 42 E 43 DA LC Nº 123/06 (COM REDAÇÃO DADA PELA LC Nº 147/2014)

CAPÍTULO V
(Redação dada pela Lei Complementar nº 147, de 2014)
DO ACESSO AOS MERCADOS
Seção I
Das Aquisições Públicas

Art. 42. Nas licitações públicas, a comprovação de regularidade fiscal e trabalhista das microempresas e das empresas de pequeno porte somente será exigida para efeito de assinatura do contrato. *(Redação dada pela Lei Complementar nº 155, de 2016)*

Art. 43. As microempresas e as empresas de pequeno porte, por ocasião da participação em certames licitatórios, deverão apresentar toda a documentação exigida para efeito de comprovação de regularidade fiscal e trabalhista, mesmo que esta apresente alguma restrição. (Redação dada pela Lei Complementar nº 155, de 2016)

§1º Havendo alguma restrição na comprovação da regularidade fiscal e trabalhista, será assegurado o prazo de cinco dias úteis, cujo termo inicial corresponderá ao momento em que o proponente for declarado vencedor do certame, prorrogável por igual período, a critério da administração pública, para regularização da documentação, para pagamento ou parcelamento do débito e para emissão de eventuais certidões negativas ou positivas com efeito de certidão negativa. (Redação dada pela Lei Complementar nº 155, de 2016)

§2º A não-regularização da documentação, no prazo previsto no §1º deste artigo, implicará decadência do direito à contratação, sem prejuízo das sanções previstas no art. 81 da Lei nº 8.666, de 21 de junho de 1993, sendo facultado à Administração convocar os licitantes remanescentes, na ordem de classificação, para a assinatura do contrato, ou revogar a licitação.

1 As contratações públicas

O desenvolvimento econômico constitui um fenômeno histórico: de um lado, relacionado com o surgimento das nações e a formação dos estados-nação, e, de outro, com a acumulação de capital e a incorporação de progresso técnico ao trabalho e ao próprio capital, que ocorrem sob a coordenação das instituições e, principalmente, de mercados relativamente competitivos. O desenvolvimento, por conseguinte, relaciona-se com o surgimento das duas instituições fundamentais do novo sistema capitalista: o Estado e os mercados.[1]

Durante anos, o desenvolvimento econômico mundial alicerçou-se nas grandes empresas, com crescente criação tecnológica e a propalada produção em escala. Em meados do século XX, entrementes, com a crise econômica que assolou o mundo, tal modelo teve que ser reformulado.

As mudanças mercadológicas impulsionaram as empresas a direcionarem suas atuações para atividades consideradas essenciais, ponto chave do negócio, transpassando a terceiros as consideradas secundárias. Tal fato estimulou o surgimento de empresas menores que passaram a atuar nesses novos mercados abertos. Teoricamente, ainda

---

[1] PEREIRA. *O conceito histórico de desenvolvimento econômico.*

que não dispusessem de recursos suficientes como as grandes, tinham condições de oferecer produtos e serviços de qualidade e de obter um bom faturamento em face da flexibilidade que possuíam.

Conforme expõe Marcondes Cândido,[2] a sobrevivência de uma empresa resulta – além da competência no trato com os clientes, objetivando a sua satisfação –, principalmente da gestão dos recursos financeiros e humanos disponíveis. Em consequência, as características de pequenas empresas apresentam pontos fortes e fracos no que se refere à sua competitividade, comparando-se com suas similares maiores, pela forma como são gerenciadas. O quadro a seguir, delineado pelo pesquisador, demonstra os pontos que interferem na competitividade das pequenas empresas.

QUADRO 1
Pontos fortes e fracos que interferem na competitividade das pequenas empresas

Pontos fortes	Pontos fracos
– Arrojo, crença e obstinação pelo trabalho – Agilidade nas ações e na tomada de decisões – Informações internas circulam com mais facilidade – Funcionários estão mais próximos dos clientes – Melhor entendimento da organização pelos funcionários – Mão de obra com utilização otimizada – Funcionários mais generalistas – Adaptabilidade maior em relação às mudanças de mercado – Flexibilidade de adaptação ao mercado	– Característica gerencial autoritária e centralizadora – Individualismo pelo medo da concorrência – Dificuldade de comunicação com o meio ambiente – Visão distorcida dos recursos humanos – Pouco profissionalismo no atendimento aos clientes – Empregos menos vantajosos para os trabalhadores – Falta de pessoal qualificado para tarefas específicas e sobrecarga de trabalho – Pouco investimento em treinamentos – Baixo poder de barganha em relação à contratação de empréstimos – Capacidade de produção limitada – Produção em baixa escala

Fonte: CÂNDIDO. *Gestão da qualidade em pequenas empresas*: uma contribuição aos modelos de implantação.

Historicamente, como leciona Marcondes, as grandes empresas, em função do maior giro de capital, possuem mais facilidade de

---

[2] CÂNDIDO. *Gestão da qualidade em pequenas empresas*: uma contribuição aos modelos de implantação.

sobrevivência no mercado, inclusive com maior credibilidade para obtenção de novos recursos junto a instituições financeiras. Já as pequenas, que, em sua grande maioria, têm pouco crédito junto ao mercado financeiro, estão obrigadas, invariavelmente, por uma questão de sobrevivência, a administrarem com eficiência os parcos recursos que dispõem, pois sempre terão maiores dificuldades na obtenção de outros.

Nesse plano, Irene Nohara[3] relembra a existência de fatores que devem sempre ser levados em consideração no momento da ponderação acerca das vantagens e desvantagens das pequenas empresas. Um deles – bastante enfatizado nos debates promovidos pela Comissão Especial da Câmara dos Deputados destinada a emitir parecer acerca do projeto da Lei Complementar nº 123/06 – é a imensa dificuldade de sobrevivência das pequenas empresas, uma vez que um número elevado delas não consegue se manter após um ano de constituição, sendo que, no Brasil, mais da metade cerram suas portas após quatro anos de atividade.[4]

Vários são os motivos determinantes dessa altíssima taxa de mortalidade: enorme carga tributária;[5] adversidades legais, fiscais e trabalhistas; minguados incentivos financeiros e escassas linhas de crédito; excesso de burocracia governamental; incipientes políticas de apoio; conjuntura econômica desfavorável; esmagadora concorrência das médias e grandes empresas (o mercado privilegia principalmente as grandes, já que possuem, por exemplo, maior força de negociação junto à cadeia produtiva); e até mesmo problemas pessoais dos sócios.

Adicione-se a esses fatores aquele que, conforme estudos, é o maior propulsor para a derrocada das pequenas empresas: a ausência de planejamento na etapa de abertura do negócio (o pequeno empresário quase sempre não avalia corretamente importantes dados que demandariam o sucesso do empreendimento). Como observa Nohara,

---

[3] MAMEDE et al. *Comentários ao Estatuto Nacional da Microempresa e da Empresa de Pequeno Porte*: Lei Complementar nº 123, de 14 de dezembro de 2006.

[4] Cerca de 31% das microempresas não chegam a concluir o primeiro ano de atividade; 37% não atingem o final do segundo ano; 49% encerram suas atividades antes do terceiro ano; 53% não ultrapassam o quarto; e 60% fecham antes de concluir o quinto (dados do Serviço Brasileiro de Apoio às Micro e Pequenas Empresas – SEBRAE). Apesar do índice de mortandade ter decaído nos últimos 10 anos, o fechamento prematuro dessas empresas continua a ser excessivamente alto, provocando significativas perdas para a economia nacional.

[5] Sobre a carga tributária elevada, a assertiva de Alney Antunes: "O apetite da máquina federal por arrecadar é queixa recorrente do setor produtivo. É comum atribuir o fracasso de um negócio ao fardo dos tributos. E, na maioria dos casos, a conclusão é correta" (*Criatividade é importante para evitar morte prematura de empresa*).

especialmente em um país como o Brasil, muitas pessoas abrem negócios de forma impulsiva, sem planejamento e prévia atuação no ramo a ser explorado.[6] Esse quadro, associado a um conjunto de situações concernentes ao desenvolvimento da nação, exigiu um novo modelo de atuação do Estado perante o mercado, atuação essa que, privilegiando a livre iniciativa, vigorar-se-ia com a participação estatal efetiva na função de fomento, buscando, por todos os meios, pôr à disposição do maior número possível de indivíduos as ferramentas do desenvolvimento econômico e do progresso sociocultural, adotando medidas capazes de incentivar a iniciativa privada de interesse coletivo nesses campos.[7]

Dentre as principais intervenções de fomento destacaram-se os "privilégios especiais". No dizer de Augusto de Athayde, como expôs Marcos Juruena,[8] estabelecer contingenciamentos para disciplinar mercados onde concorram empresas de potencial econômico muito desigual constitui, certamente, quanto às mais fracas, uma medida de auxílio. É nesse patamar que acreditamos alojar-se o maior sustentáculo da Lei Complementar nº 123/06.

O Supremo Tribunal Federal (STF) já delineou que a Lei pode distinguir situações, sem violação do princípio da igualdade, a fim de conferir a um tratamento diverso do que atribui a outro. Para que possa conferi-lo, contudo, sem que tal violação se manifeste, é necessário que a discriminação guarde compatibilidade com o conteúdo do princípio.[9]

Tem-se, pois, nessa plataforma, o verdadeiro sentido de Justiça, consoante lições do grande Rui Barbosa: "A regra da igualdade não consiste senão em aquinhoar desigualmente aos desiguais, na medida em que se desigualam".[10]

---

[6] Diante de dificuldades de toda ordem, as microempresas tendem a atender a apenas um mercado limitado, quase sempre da população circundante, notadamente a parte considerada de baixa renda, o que não possibilita o crescimento da empresa. Sobre a forma que esse grupo da sociedade atua no mercado, denominado, no mundo publicitário, de "base da pirâmide", sugerimos a leitura do trabalho *Como falar com os consumidores emergentes*, de Laís Rodrigues Bittencourt.

[7] Consoante Diogo de Figueiredo Moreira Neto *apud* SOUTO. *Direito administrativo da economia*: planejamento econômico, fomento, empresas estatais e privatização, defesa da concorrência, do consumidor e do usuário de serviços públicos, responsabilidade fiscal. 3. ed.

[8] SOUTO. *Direito administrativo da economia*: planejamento econômico, fomento, empresas estatais e privatização, defesa da concorrência, do consumidor e do usuário de serviços públicos, responsabilidade fiscal. 3. ed.

[9] STF. ADIn nº 3.070/RN. Rel. Min. Eros Grau *apud* TORRES. *Leis de licitações públicas comentadas*. 2. ed. p. 424.

[10] BARBOSA. *Oração aos moços*.

Fomentar o desenvolvimento econômico e social faz parte do elenco de finalidades do Estado. Afinal, o art. 3º da Constituição Federal indica como objetivos fundamentais do Estado brasileiro "garantir o desenvolvimento nacional" e "reduzir as desigualdades sociais". Nesse aspecto, principalmente a partir da década de 90, houve grandiosa evolução.[11]

Um dos instrumentos passíveis de uso para o atendimento dessa regra constitucional é, sem dúvida, a licitação: a utilização do chamado "poder de compra do Estado" como uma dinâmica e eficaz ferramenta para fomento efetivo do mercado.[12] Essa já era a ponderação de Luciano Ferraz[13] em tese anterior ao surgimento da LC nº 123/06, enfocando que a licitação poderia ser utilizada como instrumento de regulação de mercado, de modo a torná-lo mais livre e competitivo, além da possibilidade de concebê-la como mecanismo de indução de determinadas práticas de mercado que produzam resultados sociais benéficos, imediatos ou futuros.[14]

Nesse contexto, emergiu um novo paradigma no seio das compras públicas brasileiras, alterando o enfoque que prevalecia até então

---

[11] O historiador José Murilo de Carvalho, partindo da base da estabilização da moeda, estabelecida na década de 90, afirma que o Estado brasileiro avançou na modernização da administração e na expansão da política social.

[12] Conforme leciona Erivam da Silva: "O uso desta política é justificado quando se constata que o direcionamento do poder de compra do Estado, por sua própria natureza e flexibilidade, e que também possui um viés redistributivo, tem todos os atributos necessários para gerar impacto na competitividade industrial e tecnológica, já que o Estado, enquanto consumidor em grande escala de bens e serviços, está em posição ideal para a implantação de um sistema de indução de produtividade, controle de qualidade, transferência de tecnologia e promoção de benefícios sociais, principalmente quando se trata da geração de emprego e renda e desenvolvimento local, em que este direcionamento para os pequenos fornecedores, principalmente em áreas de menor desenvolvimento econômico, com a indução de arranjos locais, apresenta-se como um mecanismo de alto impacto e de baixo custo. A possibilidade de Estado utilizar-se deste potencial, que não somente sob a ótica do paradigma da eficiência estrita, que é o atualmente utilizado, traduzindo-se por comprar mais, mais rápido e por um menor preço, mas também para alcançar outros resultados que, vistos globalmente, possam ser mais vantajosos para a Administração Pública e, indiretamente, para a sociedade, coloca-se como uma questão de grande complexidade a ser enfrentada. (...) Embora se mantenha a preocupação com a eficiência das compras públicas, com a adoção do uso do poder de compra do Estado há uma ponderação entre redistribuição e eficiência, o que é um ponto central no debate econômico, deste modo, o processo de adaptação de um sistema de compra, seja do nacional ou de seus entes, antes de tornar-se um instrumento redistributivo, enfrenta o desafio de provar que os benefícios desta política são maiores do que os seus custos (*O uso do poder de compra do Estado como instrumento de política pública*: a Lei Complementar nº 123/2006, sua implementação).

[13] FERRAZ. *Função regulatória da licitação*.

[14] Essa tese já vinha sendo defendida com brilhantismo pelo administrativista Marcos Juruena, conforme palestra proferida no ano de 2005 em Congresso sobre licitações ocorrido no BNDES.

no sentido de que as licitações se estabeleciam exclusivamente sob o prisma da busca do melhor preço para a Administração (os Estatutos, tanto o vetusto Decreto-Lei nº 2.300/86, quanto a revogada Lei nº 8.666/1993, e até mesmo a então evoluída Lei do Pregão, nº 10.520/02, possuíam como única meta a busca de preço mais vantajoso).[15]

Com as regras para contratações públicas preconizadas pela Lei Complementar nº 123/06 – oferecendo tratamento diferenciado para as micro e pequenas empresas –, a licitação passou a ser adotada como instrumento de promoção de objetivos sociais e econômicos, eliminando desigualdades, originando no ordenamento jurídico pátrio, por conseguinte, o que denominamos "Função Social da Licitação".[16]

Cabe esclarecer, de plano, que o tratamento diferenciado para tais empresas nas licitações não conflita com o princípio da isonomia,[17]

---

[15] É certo que, antes da LC nº 123/06, a Lei nº 8.666/1993 já contemplava algumas situações enquadráveis no conceito de tratamento diferenciado e preferencial, como, por exemplo, o estabelecido no §1º do art. 23, o qual determina que a Administração Pública, sempre que possível, parcele o objeto das licitações em tantas contratações que se mostrem tecnicamente viáveis.

[16] Jacoby Fernandes exibe um panorama de como o assunto é tratado em diversas partes do mundo: "O Japão criou a Agência da Pequena e Média Empresa, precisamente na reconstrução do País, após a Segunda Guerra Mundial, que tinha como objetivos desenvolver a economia local e nacional, impedir a formação de grandes concentrações de poder econômico e incluir as pequenas empresas nas compras governamentais; o Livro Verde das Compras Públicas na União Europeia, publicado em 1996 pela Comissão Europeia, já trazia um capítulo dedicado às MPE, descrevendo as dificuldades das MPE em participar nas licitações públicas e sugerindo ações a serem desenvolvidas para o incentivo à participação das MPE nas compras públicas. Em 2004, foi aprovado um novo pacote de diretrizes comunitárias com previsão específica que impunha aos Estados membros a adoção de disposições nas compras públicas com o objetivo de aumentarem a participação das MPE. Diversos países pertencentes à União Europeia já praticavam alguma forma de incentivo à participação das MPE nas compras públicas. A França, por exemplo, possui legislação sobre o fracionamento das grandes compras, a assessoria técnica na elaboração das propostas, planejamento das compras públicas, financiamento bancário no caso de atraso nos pagamentos das contratações públicas. A Dinamarca providenciou um "guia" durante todo o processo licitatório para orientar as MPE. Luxemburgo desenvolveu uma série de procedimentos padronizados e simplificados para as MPE. A Grécia disponibiliza *on line* um banco de negócios para a subcontratação de MPE, etc.; na América Latina, quase todos os países possuem iniciativas, destacando-se a Argentina, que exige que 10% das compras públicas sejam exclusivas para MPE, a divisão das quantidades em itens para ampliar a participação das MPE, e prevê o mecanismo do empate ficto, aliás, também usado no Peru. O México tem uma política para desenvolver uma estrutura que obrigará o poder público a adquirir até 35% de bens e serviços somente das MPE" (*Como comprar da micro e pequena empresa*: capítulo 1).

[17] Considerando que o instituto das licitações é guiado por diretrizes com as quais o fomento às micro e pequenas empresas deve se coordenar, Aline Câmara e Leonardo Ribeiro sustentam que a inserção de inúmeras determinações específicas no sistema, como o fez a LC nº 123/06, relativizam os princípios da isonomia e da competitividade (ALMEIDA; RIBEIRO. *O impacto da lei de microempresas e empresas de pequeno porte nas contratações públicas*).

porquanto resulta da própria situação de desigualdade dessas empresas em relação a outras de natureza diversa, pois, como já afirmado anteriormente, envolve o tratamento desigual a ser oferecido aos desiguais, com intuito de promover o desenvolvimento econômico.[18]

Nessa linha, bem obtemperou Liane Ventim:

> Esse respaldo disponibilizado às microempresas é decorrente do Estado neoliberal. Com essa forma de organização da economia do país, o Estado passa a intervir na economia, regulamentando e direcionando as relações e transações econômicas, preservando a ordem política, ampliando e tornando mais racional e eficiente o estado de bem-estar social. Dessa forma, proporciona o desenvolvimento econômico e social do país. O tratamento diferenciado e favorecido fomenta as atividades no setor responsável por 20% do Produto Interno Brasileiro e por 60% dos empregados no setor privado, objetivando aumentar a geração de emprego e renda, com isso, reduzindo as desigualdades sociais.[19]

Frise-se que, ao enfrentar a questão, o TCU, lastreado nas lições de Zanella di Pietro, considerou inexistir inconstitucionalidade, entendendo, por conseguinte, não haver mácula ao princípio da isonomia:

> (...) registro que, ao relatar o TC nº 020.253/2007-0 referente à Representação formulada por licitante, apresentando questionamento a respeito da Lei Complementar nº 123/06, mencionei que, entre os vários aspectos inovadores da lei, estava o tratamento diferenciado e favorecido a ser

---

[18] Segundo Jonas Lima, "somente agora se resguardou a verdadeira igualdade de competição" (*Lei Complementar nº 123/06*: aplicações). Jacoby Fernandes também avaliou a constitucionalidade da LC nº 123/2006 sob o prisma da isonomia: "É que todo o sistema jurídico da licitação foi construído para a busca da proposta mais vantajosa, somente após atendido o princípio da isonomia. Já às pequenas e microempresas, a Constituição Federal permite estabelecer simplificação de suas obrigações administrativas, tributárias, previdenciárias e creditícias ou pela eliminação ou redução destas, mas não estabelece que essa preferência possa comprometer a isonomia. Parece evidente que a simplificação desiguala as empresas, afetando a isonomia por via reflexa. Uma análise mais profunda do instituto revela, no entanto, que a isonomia não impõe tratamento igualitário a todos indistintamente, na medida em que não há igualdade absoluta. Ao elaborar normas que privilegiem determinado setor da sociedade, o legislador busca reduzir uma desigualdade preexistente e, se agir com sabedoria e cautela, pode equacionar o princípio da isonomia na medida da desigualdade indispensável à satisfação eficiente do interesse público. Para análise da regra do tratamento diferenciado privilegiando as microempresas e empresas de pequeno porte, deve-se confrontar a razoabilidade da restrição à competitividade com o interesse público. Nesse contexto mais amplo, em que a própria Constituição prescreve a instituição de tratamento favorecido e privilegiado para as microempresas e empresas de pequeno porte, em vários de seus dispositivos, entende-se que a LC nº 123/06 não ofende a isonomia ao alcançar também as aquisições públicas" (Parecer JUJF – jul. 2007).
[19] VENTIM. *Compatibilizar o uso da licitação como fomento, respeitando o princípio da competitividade.*

dispensado às microempresas e empresas de pequeno porte no âmbito dos Poderes da União, dos Estados, do Distrito Federal e dos Municípios, no que se refere ao acesso ao mercado, inclusive quanto à preferência nas aquisições de bens e serviços pelos Poderes. Na oportunidade, defendi que a lei vinha com o intento bastante positivo, materializando, efetivamente, o princípio do "tratamento favorecido" às microempresas e empresas de pequeno porte, conforme previsão do artigo 170, inciso IX, da Constituição Federal. Dessa forma, por compartilhar integralmente com a proposição (...) é que destaco de vosso relatório o excerto transcrito da obra de Maria Sylvia Zanella Di Pietro, que examinou a questão de constitucionalidade do tratamento diferenciado dado às microempresas nos seguintes termos: "As exceções mencionadas não conflitam com o princípio da isonomia, uma vez que o art. 5º da Constituição somente assegura igualdade entre os brasileiros e estrangeiros em matéria de direitos fundamentais. Além disso, no caso das microempresas e empresas de pequeno porte, o tratamento diferenciado resulta da própria situação de desigualdade dessas empresas em relação a outras que não têm a mesma natureza; por outras palavras, trata-se de tratar desigualmente os desiguais.[20]

Algumas das importantes funções que cabem às micro e pequenas empresas no processo de desenvolvimento brasileiro foram bem delineadas por Tagliassuchi:[21] significativa contribuição na geração do produto nacional; absorção de expressivo contingente de mão de obra a baixo custo e com menores exigências de qualificação; alta flexibilidade locacional, desempenhando importante papel no processo de interiorização do desenvolvimento e a consequente melhor distribuição de renda; capacidade de atuarem em complementaridade com os grandes empreendimentos, contribuindo para o processo de acumulação de capital; geração de uma classe empresarial nacional através da absorção de uma tecnologia produzida no seu próprio ambiente; utilização de matérias-primas locais que, de outro modo, seriam desperdiçadas; possibilidade de atuação no comércio exterior, se não individualmente, pelo menos na forma de consórcio, proporcionando uma salutar diversificação na pauta de exportações.

Infelizmente, com a edição da Nova Lei de Licitações (Lei nº 14.133/2021), ocorreu um retrocesso nessa seara. Apesar de seu art. 4º reafirmar que aplicar-se-ão às licitações e contratos por ela disciplinados as disposições constantes dos arts. 42 a 49 da Lei Complementar

---

[20] TCU. Acórdão nº 1231/2008, Plenário. Rel. Min. Aroldo Cedraz.
[21] TAGLIASSUCHI. *O Estatuto da Microempresa*: sistematizando o debate.

nº 123/06, os parágrafos do dispositivo inserem exceções desassossegantes. Vejamos:

> Art. 4º Aplicam-se às licitações e contratos disciplinados por esta Lei as disposições constantes dos arts. 42 a 49 da Lei Complementar nº 123, de 14 de dezembro de 2006.
>
> §1º As disposições a que se refere o caput deste artigo não são aplicadas:
> I – no caso de licitação para aquisição de bens ou contratação de serviços em geral, ao item cujo valor estimado for superior à receita bruta máxima admitida para fins de enquadramento como empresa de pequeno porte;
> II – no caso de contratação de obras e serviços de engenharia, às licitações cujo valor estimado for superior à receita bruta máxima admitida para fins de enquadramento como empresa de pequeno porte.
>
> §2º A obtenção de benefícios a que se refere o caput deste artigo fica limitada às microempresas e às empresas de pequeno porte que, no ano-calendário de realização da licitação, ainda não tenham celebrado contratos com a Administração Pública cujos valores somados extrapolem a receita bruta máxima admitida para fins de enquadramento como empresa de pequeno porte, devendo o órgão ou entidade exigir do licitante declaração de observância desse limite na licitação.
>
> §3º Nas contratações com prazo de vigência superior a 1 (um) ano, será considerado o valor anual do contrato na aplicação dos limites previstos nos §§1º e 2º deste artigo.

O §1º registra duas situações de não aplicação das regras dos artigos citados da LC nº 123/06, afastando as prerrogativas das pessoas jurídicas protegidas pelo Estatuto das Microempresas.

Segundo o regramento, as disposições dos artigos da LC nº 123 não serão aplicadas no caso de:

a) licitação para aquisição de bens ou contratação de serviços em geral, ao item cujo valor estimado for superior à receita bruta máxima admitida para fins de enquadramento como empresa de pequeno porte; e

b) contratação de obras e serviços de engenharia, às licitações cujo valor estimado for superior à receita bruta máxima admitida para fins de enquadramento como empresa de pequeno porte.

Evidencia-se a intenção de evitar o beneficiamento nas contratações de maior valor, que ultrapassem o limite de enquadramento da lei complementar.

Desapontado, Jonas Lima observa que

> impregnaram a Nova Lei de Licitações com uma limitação de que MPs e EPPs somente terão os benefícios da LC nº 123/06 em licitações com valores até o de enquadramento, que é o do SIMPLES, ou seja, criaram uma barreira – que a LC nº 123 não contempla – de acesso com preferência de desempate e outras regras de ME/EPP em qualquer potencial licitação (agora somente para as que forem do limite do enquadramento, ainda que a pequena empresa não tenha atingido esse limite).[22]

Realmente, o novo regramento restritivo configura um retrocesso, porquanto afasta as tão elogiadas regras de beneficiamento, inclusive o desempate ficto e a subcontratação obrigatória.

Indignado, Jonas Lima acrescenta:

> Em síntese, criou-se um limite que não havia na legislação norte-americana da qual o Sebrae e a Frente Parlamentar pela Lei Geral buscaram inspiração para o Capítulo V da Lei Complementar nº 123/2006 ("DO ACESSO AOS MERCADOS"), sendo que agora as pequenas possuem chance de disputar apenas contratos limitados ao seu valor de enquadramento na condição de ME/EPP. Ainda que o limite seja entendido como anual, isso é um duro golpe e um severo fechamento de mercado aos pequenos. Por outro lado, não existe mais o pleno acesso aos mercados, como fora idealizado nas origens, pois o art. 19, inc. I, da nova lei traz a diretriz de preferencial centralização de procedimentos de aquisição e contratação de bens e serviços, o que torna impossível a habilitação e propostas pelas micro e pequenas empresas.[23]

Pelo sim pelo não, certo é que a Nova Lei de Licitações (Lei nº 14.133/2021) determinou a não aplicação do regime preferencial em licitações e contratações cujo valor individual seja superior ao limite máximo previsto para enquadramento como empresa de pequeno porte, tanto para as aquisições de bens ou serviços, quanto para as obras e serviços de engenharia.

Há, entretanto, que se ter cuidado na aplicação dos dois incisos.

A regra do inc. I, que trata de licitação para a aquisição de bens ou contratação de serviços em geral, é clara ao focar em *itens*, o que equivale a dizer que, se o certame versar sobre mais de um item, sua adoção deverá considerar os valores de cada um deles.

---

[22] LIMA. *A nova lei de licitações e as limitações às microempresas*.
[23] LIMA. *A nova lei de licitações e as limitações às microempresas*.

Assim, havendo diversos itens, e apenas alguns deles individualmente ultrapassarem o valor de enquadramento, a micro/pequena empresa poderá ser beneficiada pelo regime próprio concernentemente aos demais itens.[24]

Por sua vez, o §2º limita os direitos oferecidos às microempresas e às empresas de pequeno porte, prescrevendo que a obtenção dos benefícios dispostos nos arts. 42 a 49 supracitados limitar-se-á às microempresas e às empresas de pequeno porte que no ano-calendário de realização da licitação ainda não tenham celebrado contratos com a Administração Pública[25] cujos valores somados extrapolem a receita bruta máxima admitida para fins de enquadramento como empresa de pequeno porte (R$4.800.000,00 – quatro milhões e oitocentos mil reais), devendo o órgão ou a entidade exigir do licitante declaração de observância desse limite na licitação.

O claro propósito é a coibição de abusos e crimes cometidos por pessoas jurídicas, como o recentemente ocorrido, quando três licitantes se declararam beneficiárias do regime da LC nº 123/06, mas, na prática, atuavam em conjunto, ultrapassando significativamente o teto estabelecido, o que fez com que o TCU considerasse ilegal o empate ficto para os licitantes que, no certame, ultrapassaram mais de 20% do teto estabelecido, baseando-se no art. 3º, §§9º e 9º-A da LC nº 123/2006[26] (Acórdão nº 2437/2019).

Avaliando a questão na prática, Ronny Charles observa que a regra é de aplicação problemática, uma vez que a Lei "fala em contrato firmado, o que difere do conceito de faturamento adotado pela LC nº 123/06".

---

[24] Victor Amorim considera que a aferição da aplicação ou não do limite deverá ocorrer de acordo com o critério de aceitabilidade adotado (por item, por grupo ou global) (*Licitações e contratos administrativos*: teoria e jurisprudência. 4. ed.).

[25] Não estando compreendidos, por conseguinte, os contratos celebrados com os agentes do mercado privado.

[26] Art. 3º Para os efeitos desta Lei Complementar, consideram-se microempresas ou empresas de pequeno porte, a sociedade empresária, a sociedade simples, a empresa individual de responsabilidade limitada e o empresário a que se refere o art. 966 da Lei nº 10.406, de 10 de janeiro de 2002 (Código Civil), devidamente registrados no Registro de Empresas Mercantis ou no Registro Civil de Pessoas Jurídicas, conforme o caso, desde que: (...) §9º A empresa de pequeno porte que, no ano-calendário, exceder o limite de receita bruta anual previsto no inciso II do caput deste artigo fica excluída, no mês subsequente à ocorrência do excesso, do tratamento jurídico diferenciado previsto nesta Lei Complementar, incluído o regime de que trata o art. 12, para todos os efeitos legais, ressalvado o disposto nos §§9º-A, 10 e 12. §9º-A. Os efeitos da exclusão prevista no §9º dar-se-ão no ano-calendário subsequente se o excesso verificado em relação à receita bruta não for superior a 20% (vinte por cento) do limite referido no inciso II do caput.

E mais registra:

Entre outros problemas, a disposição acabará transferindo para os responsáveis pela licitação um dever de fiscalização relacionado à matéria que foge à sua competência. Imaginar que a exigência de declaração resolverá a questão demonstra, no mínimo, inocência ou desconhecimento da realidade prática das licitações. Diante da não identificação de que a ME/EPP não poderia ter utilizado as regras de beneficiamento, mas o fez e com isso venceu o certame, teremos intrincados dilemas decisórios a serem resolvidos, que provavelmente prejudicarão o atendimento da necessidade administrativa.[27]

A nosso ver, num panorama geral, tais regramentos afrontam a regra constitucional de acesso das pequenas empresas às licitações públicas,[28] pois excluem o tratamento privilegiado na hipótese do valor estimando do item da contratação ultrapassar o teto estabelecido para a receita bruta máxima admitida para fins de enquadramento como empresa de pequeno porte (R$4.800.000,00) sem que a receita bruta da empresa alcance esse valor quando da licitação e ainda sem saber se ela sagrar-se-á vencedora da competição.[29] [30]

---

[27] TORRES. *Lei de licitações públicas comentadas*. 12. ed.
[28] CF – Art. 170. A ordem econômica, fundada na valorização do trabalho humano e na livre iniciativa, tem por fim assegurar a todos existência digna, conforme os ditames da justiça social, observados os seguintes princípios: IX – tratamento favorecido para as empresas de pequeno porte constituídas sob as leis brasileiras e que tenham sua sede e administração no País. (Redação dada pela Emenda Constitucional nº 6, de 1995).
[29] Rafael Carvalho Oliveira discorda de nosso posicionamento, sustentando que os benefícios conferidos pela LC nº 123/06 poderiam ser modificados ou afastados por lei ordinária, uma vez que o texto constitucional estabelece a necessidade de tratamento diferenciado às microempresas e às empresas de pequeno porte (arts. 146, III, "d", 170, IX, e 179 da CF), reservando à lei complementar apenas as questões relacionadas à matéria tributária. Como as normas relativas à participação nas licitações e contratações públicas possuem caráter de lei ordinária, tendo em vista que essa matéria não foi reservada pelo constituinte ao campo da legislação complementar, nada se opõe que lei ordinária disponha sobre hipóteses de não incidência dos arts. 42 a 49 da LC nº 123/2006 (OLIVEIRA. *Nova Lei de Licitações e Contratos Administrativos*. 2. ed.).
[30] Por sua vez, Ivan Barbosa Rigolin considera a normatização correta, obtemperando: "Se a micro e a pequena empresa obtiveram privilégios exatamente por auferirem receita limitada a valores que a LC nº 123/06 fixou, então não faz sentido que mantenham aqueles privilégios em ocasionais contratações por valores superiores aos que permitiram o enquadramento como empresa de pequeno porte. Privilegia-se – e já muito contestavelmente segundo entendemos – a empresa que se limita a auferir renda circunscrita a limites legais diferenciadores; se a empresa os ultrapassa em licitações que redundarão em contratações, será injusto manter as regalias, de modo que a lei neste ponto acertou" (*Lei nº 14.133/2021 comentada – Uma visão crítica*).

Como bem anotou Marinês Dotti,

> não pode haver óbice à concessão do tratamento privilegiado às microempresas e às empresas de pequeno porte, (...) se comprovado que tais entidades empresariais, à época da licitação, atendiam às exigências previstas nos artigos 3º, 3º-A e 3º-B da LC nº 123/2006. Tais condições (...) desvirtuam a política pública constitucional de apoio e incentivo a essas entidades e ofendem a LC nº 123/2006, instrumento jurídico superior que regulamentou as condições para a concessão e a exclusão do tratamento privilegiado às entidades de menor porte.[31]

Por fim, o §3º informa que, na aplicação dos limites previstos nos parágrafos anteriores, quando das contratações com prazo de vigência superior a 1 (um) ano, deverá ser considerado o valor anual do contrato.

Assim, trocando em miúdos, quando da aplicação das regras previstas nos §§1º e 2º, considerar-se-á, nas contratações com prazo superior a um ano, tão somente o valor anual dos contratos. Logo, não se deverá somar valores concernentes a exercícios anuais diversos.

2 Os destinatários da Lei Complementar nº 123/06

Como antes esposado, os destinatários das regras estabelecidas nessa seção "Das Aquisições Públicas", como, de resto, de toda a Lei, são as *microempresas* e as *pequenas empresas*, conforme se verifica na prerrogativa fixada no inciso III de seu art. 1º, que preconiza o estabelecimento de normas gerais relativas ao tratamento diferenciado e favorecido a ser dispensado às microempresas e empresas de pequeno porte no âmbito dos Poderes da União, dos Estados, do Distrito Federal e dos Municípios, quanto ao acesso ao mercado, inclusive quanto à preferência nas aquisições de bens e serviços pelos Poderes Públicos, à tecnologia, ao associativismo e às regras de inclusão.[32]

---

[31] DOTTI. *A indevida restrição à concessão do tratamento privilegiado às entidades de menor porte.*
[32] O texto completo do artigo é:
"Art. 1º Esta Lei Complementar estabelece normas gerais relativas ao tratamento diferenciado e favorecido a ser dispensado às microempresas e empresas de pequeno porte no âmbito dos Poderes da União, dos Estados, do Distrito Federal e dos Municípios, especialmente no que se refere:
I – à apuração e recolhimento dos impostos e contribuições da União, dos Estados, do Distrito Federal e dos Municípios, mediante regime único de arrecadação, inclusive obrigações acessórias;
II – ao cumprimento de obrigações trabalhistas e previdenciárias, inclusive obrigações acessórias;
III – ao acesso a crédito e ao mercado, inclusive quanto à preferência nas aquisições de bens e serviços pelos Poderes Públicos, à tecnologia, ao associativismo e às regras de inclusão".

Para os efeitos da Lei Complementar, o art. 3º considera microempresa ou empresa de pequeno porte a *sociedade empresária*, a *sociedade simples* e o *empresário* a que se refere o art. 966 a Lei nº 10.406, de 10.1.2002 (Código Civil),[33] devidamente registrados no Registro de Empresas Mercantis ou no Registro Civil de Pessoas Jurídicas, conforme o caso, desde que:
   a) no caso de microempresas, o empresário, a pessoa jurídica, ou a ela equiparada, aufira, em cada ano-calendário, receita bruta igual ou inferior a R$360.000,00 (trezentos e sessenta mil reais); e
   b) na hipótese de pequenas empresas (empresas de pequeno porte), o empresário, a pessoa jurídica, ou a ela equiparada, aufira, em cada ano-calendário, receita bruta superior a R$360.000,00 (trezentos e sessenta mil reais) e igual ou inferior a R$4.800.000,00 (quatro milhões e oitocentos mil reais).[34]

O §1º define como receita bruta o produto da venda de bens e serviços nas operações de conta própria, o preço dos serviços prestados e o resultado nas operações em conta alheia, não incluídas as vendas canceladas e os descontos incondicionais concedidos.[35]

Por outro lado, o §4º relaciona as pessoas jurídicas que, mesmo se enquadrando nos limites legais de receita bruta anual, não estão incluídas no regime diferenciado, sendo elas:
   a) de cujo capital participe outra pessoa jurídica;
   b) que seja filial, sucursal, agência ou representação, no País, de pessoa jurídica com sede no exterior;
   c) de cujo capital participe pessoa física que seja inscrita como empresário, ou seja sócia de outra empresa que receba tratamento jurídico diferenciado nos termos da LC, desde que a receita bruta global ultrapasse o limite de R$4.800.000,00;
   d) cujo titular ou sócio participe com mais de 10% do capital de outra empresa não beneficiada pela LC, desde que a receita bruta global ultrapasse o limite de R$4.800.000,00;

---

[33] "Art. 966. Considera-se empresário quem exerce profissionalmente atividade econômica organizada para a produção ou a circulação de bens ou de serviços. Parágrafo único. Não se considera empresário quem exerce profissão intelectual, de natureza científica, literária ou artística, ainda com o concurso de auxiliares ou colaboradores, salvo se o exercício da profissão constituir elemento de empresa".

[34] Alteração determinada pela Lei Complementar nº 155, de 27.10.2016.

[35] Consoante o preceituado no §2º, no caso de início de atividade no próprio ano-calendário, o limite será proporcional ao número de meses em que a microempresa ou a empresa de pequeno porte houver exercido atividade, inclusive as frações de meses.

e) cujo sócio ou titular seja administrador ou equiparado de outra pessoa jurídica com fins lucrativos, desde que a receita bruta global ultrapasse o limite de R$4.800.000,00;
f) constituída sob a forma de cooperativas, salvo as de consumo;
g) que participe do capital de outra pessoa jurídica;
h) que exerça atividade de banco comercial, de investimentos e de desenvolvimento, de caixa econômica, de sociedade de crédito, financiamento e investimento ou de crédito imobiliário, de corretora ou de distribuidora de títulos, valores mobiliários e câmbio, de empresa de arrendamento mercantil, de seguros privados e de capitalização ou de previdência complementar;
i) resultante ou remanescente de cisão ou qualquer outra forma de desmembramento de pessoa jurídica que tenha ocorrido em um dos cinco anos-calendário anteriores;
j) constituída sob a forma de sociedade por ações, seja sociedade anônima, seja sociedade em comandita por ações; e
k) cujos titulares ou sócios guardem, cumulativamente, com o contratante do serviço, relação de pessoalidade, subordinação e habitualidade.[36]

Como previsto no §6º, caso a microempresa ou empresa de pequeno porte incorra em alguma das situações previstas anteriormente, será excluída do tratamento jurídico diferenciado, com efeitos a partir do mês seguinte ao que incorrida a situação impeditiva.

Ao regulamentar a matéria na esfera federal, o Decreto nº 8.538, de 6.10.2015, prescreve, em seu art. 13, que, para receber o tratamento favorecido, diferenciado e simplificado em licitações, o enquadramento como microempresa ou empresa de pequeno porte se dará exatamente nos termos do art. 3º, incs. I e II, e §4º da Lei Complementar nº 123/06 retromencionados.[37]

---

[36] Incluído pela Lei Complementar nº 147, de 7.08.2014.
[37] Como o agricultor familiar, o produtor rural pessoa física, o microempreendedor individual e a sociedade cooperativa também passaram a ter idêntico direito ao tratamento diferenciado e simplificado, o art. 13 também lista as formas de enquadramento deles:
Art. 13. Para fins do disposto neste Decreto, o enquadramento como:
(...)
II – agricultor familiar se dará nos termos da Lei nº 11.326, de 24 de julho de 2006;
III – produtor rural pessoa física se dará nos termos da Lei nº 8.212, de 24 de julho de 1991;
IV – microempreendedor individual se dará nos termos do §1º do art. 18-A da Lei Complementar nº 123, de 2006; e
V – sociedade cooperativa se dará nos termos do art. 34 da Lei nº 11.488, de 15 de junho de 2007, e do art. 4º da Lei nº 5.764, de 16 de dezembro de 1971.

O licitante será o responsável por solicitar o seu desenquadramento da condição de microempresa ou empresa de pequeno porte, quando houver ultrapassado o limite de faturamento estabelecido no art. 3º da Lei Complementar nº 123/06, no ano fiscal anterior, sob pena de ser declarado inidôneo para licitar e contratar com a Administração, sem prejuízo das demais sanções, caso usufrua ou tente usufruir indevidamente dos benefícios (art. 13, §1º).

E mais: para fins de licitação, a comprovação de que a sociedade é micro ou pequena empresa e, portanto, beneficiária do tratamento vantajoso da LC nº123/06, se dará por intermédio de simples declaração própria, sob as penas da lei, de que cumpre os requisitos legais para a qualificação como microempresa ou empresa de pequeno porte (art. 13, §2º).

Registre-se que o Decreto nº 10.273/2020 inseriu o art. 13-A no ato regulamentar federal, o qual determina tratamento idêntico aos consórcios formados exclusivamente por microempresas e empresas de pequeno porte, desde que a soma das receitas brutas anuais não ultrapasse o limite previsto no inciso II do caput do art. 3º da LC nº 123/06 (R$4.800.000,00).

2.1 O empresário

A Lei nº 10.406, de 10.1.2002 (Código Civil), em seu art. 966, define como empresário aquele que exerce profissionalmente atividade econômica organizada para a produção ou a circulação de bens ou de serviços. Em outras palavras, empresário é todo aquele que, em caráter profissional, exerce habitualmente atividade econômica organizada para produzir algo com intuito de lucro. Por conseguinte, são fatores caracterizadores da figura do empresário:

a) a capacidade para o exercício de atividade empresarial (art. 972);
b) o exercício efetivo de atividade econômica organizado;
c) a execução em caráter profissional e habitual (art. 966).

Exclui-se dessa categoria, consoante o parágrafo único do art. 966, os que exercem atividade de natureza intelectual, científica ou artística, ainda que com o concurso de auxiliares ou colaboradores, salvo se o exercício da profissão constituir elemento de empresa.[38]

---

[38] A LC nº 123/06 definiu a figura do pequeno empresário em seu art. 68, considerando-o,

Com alicerce nessa premissa, é de se entender que o tratamento diferenciado constante da LC nº 123/06 não alcança o profissional liberal e o trabalhador autônomo,[39] uma vez que ambos não consignam em sua atividade laboral todos os requisitos caracterizadores da figura do empresário,[40] a não ser, é claro, que estes, notadamente o profissional

---

para efeito de aplicação do disposto nos artigos 970 e 1.179 do Código Civil, o empresário individual caracterizado como microempresa, na forma da LC, que aufira receita bruta anual de até R$36.000,00 (trinta e seis mil reais).

[39] A LC nº 128/08 alterou diversos dispositivos da LC nº 123/06, tendo criado a figura do Microempreendedor Individual (MEI). Considera-se MEI, conforme o §1º do art. 18-A da LC nº 123/06, o empresário individual a que se refere o art. 966 da Lei nº 10.406, de 10 de janeiro de 2002 (Código Civil), que tenha auferido receita bruta, no ano-calendário anterior, de até R$36.000,00, optante pelo Simples Nacional. No caso de início de atividades, consoante o §2º, o limite de receita será de R$3.000,00, multiplicados pelo número de meses compreendido entre o início da atividade e o final do respectivo ano-calendário, consideradas as frações de meses como um mês inteiro.

O tratamento técnico-jurídico dado ao microempreendedor na ordem jurídica nacional recebeu o seguinte comentário crítico do jurisconsulto Renaldo Limiro: "No princípio, eles inexistiam para os efeitos da lei. Assim era até a instituição da Lei Complementar nº 123, de 14 de dezembro de 2006, que, em seu art. 53, prescreveu determinados tratamentos especiais ao empresário individual que no ano calendário anterior tivesse faturado até R$36.000,00 (trinta e seis mil reais). Era, sem dúvida, um excelente começo, uma tentativa louvável de trazer para a formalidade estes milhões de microempreendedores – embora ainda desta forma não denominados pela lei –, mas que já despertavam a sensibilidade do legislador. Entretanto, para a grande surpresa de todo o segmento empresarial, especialmente para estes milhões até então à margem da lei, exatamente 8 (oito) meses depois, ou seja, em 14 de agosto de 2007, a Lei Complementar nº 127 – que introduziu alterações à Lei Complementar nº 123/06 – revogou o anteriormente citado art. 53 e seu parágrafo único, jogando por terra, por consequência, a grande expectativa daqueles que até então acreditavam em melhores dias para a sua vida empresarial. Pouco mais de um ano depois, através da Lei Complementar nº 128, de 19 de dezembro de 2008, eis que renasce a figura do segmento sob estudos, agora denominada de MEI – Microempreendedor Individual – ou seja, o empresário individual a que se refere o art. 966 do Código Civil Brasileiro, que tenha auferido receita bruta, no ano calendário anterior, de até R$36.000,00 (trinta e seis mil reais) e optante pelo Simples Nacional. Nada obstante à abertura da possibilidade de enquadrar-se como Microempreendedor Individual a milhares de pessoas hoje literalmente à margem da lei, muitos obstáculos, entretanto, foram criados pelo legislador, como, por exemplo, a exigência de que o MEI só possa empregar uma pessoa, e cujo salário pago seja o mínimo, ou, no máximo, o da respectiva categoria. A exemplo deste, muitos outros obstáculos foram lembrados pelo legislador que impedem muitas pessoas de ostentarem a qualidade de Microempreendedor Individual, mas, apesar de tudo, para quem ultrapassá-los, os benefícios serão grandes, principalmente se compararmos os valores ínfimos dos recolhimentos obrigatórios frente a um grande leque de vantagens que a lei autoriza" (*A vez dos microempreendedores*).

[40] Tem inteira razão o jurista Gecivaldo Vasconcelos Ferreira ao afirmar que o art. 966 do CC não atende à necessidade de uma definição satisfatória de empresário diante da dificuldade até agora intransponível de se delimitar os contornos da organização como característica essencial do exercício da atividade empresarial, e, por consequência, da definição da figura: "Tanto isso é verdade que as Juntas Comerciais continuam mantendo indivíduos registrados como empresários que em nada se adéquam à definição legal. Por exemplo: sem muita dificuldade encontraremos pessoas que exercem o comércio sozinhas ou unicamente com a ajuda de familiares, e sem qualquer organização, registradas como

liberal, exercite a profissão constituindo elemento de empresa. Para se compreender essa situação, transcreve-se um exemplo prático delineado por Fábio Ulhoa Coelho:[41]

Imagine o médico recém-contratado recém-formado, atendendo seus primeiros clientes no consultório. Já contrata pelo menos uma secretária, mas se encontra na condição geral dos profissionais intelectuais: não é empresário, mesmo que conte com o auxílio de colaboradores. Nesta fase, os pais buscam seus serviços em razão, basicamente, de sua competência como médico. Imagine, porém, que, passando o tempo, este profissional amplie seu consultório, contratando, além de mais pessoal de apoio (secretária, atendente, copeira etc.), também enfermeiros e outros médicos. Não chama mais o local de atendimento de consultório, mas de clínica. Nesta fase de transição, os clientes ainda procuram aqueles serviços de medicina pediátrica, em razão da confiança que depositam no trabalho daquele médico, titular da clínica. Mas a clientela se amplia e já há, entre os pacientes, quem nunca foi atendido diretamente pelo titular, nem o conhece. Numa fase seguinte, cresce mais ainda aquela unidade de serviços. Não se chama mais clínica, e sim hospital pediátrico. Entre os muitos funcionários, além dos médicos, enfermeiros e atendentes, há contador, advogado, nutricionista, administrador hospitalar, seguranças, motoristas e outros. Ninguém mais procura os serviços ali oferecidos em razão do trabalho pessoal do médico que os organiza. Sua individualidade se perdeu na organização empresarial. Neste momento, aquele profissional intelectual tornou-se elemento de empresa. Mesmo que continue clinicando, sua maior contribuição para a prestação dos serviços naquele hospital pediátrico é a de organizador dos fatores de produção. Foge, então, da condição geral dos profissionais intelectuais e deve ser considerado, juridicamente, empresário.[42]

---

empresários individuais. Por outro lado, temos profissionais liberais que exercem sua atividade, individualmente, em um escritório ou consultório com diversos empregados e um aparato tecnológico de ponta, estando o titular do negócio já somente a articular os fatores de produção, e nem por isso tem se exigido, na prática, o seu registro como empresário. Aliás, levando em consideração a tênue linha que separa o profissional intelectual não empresário do empresário, muito difícil será até mesmo a construção de jurisprudência consistente no sentido de definir critérios seguros para determinar a presença ou não da empresarialidade em determinados casos concretos" (FERREIRA. *Caracterização do empresário individual diante do Código Civil vigente*).

[41] COELHO. *Manual de direito comercial*. 17. ed.

[42] "(...) não é empresário quem explora atividade de produção ou circulação de bens ou serviços sem alguns desses fatores de produção. O comerciante de perfumes que leva ele mesmo, à sacola, os produtos até os locais de trabalho ou residência dos potenciais consumidores explora atividade de circulação de bens, fá-lo com intuito de lucro, habitualidade e em nome próprio, *mas não é empresário*, porque em seu mister não contrata empregado, não organiza mão de obra. O feirante que desenvolve seu negócio valendo-se apenas das forças de seu próprio trabalho e de familiares (esposa, filhos, irmãos) e alguns poucos empregados, *também não é empresário*, porque não organiza uma unidade impessoal de

Na verdade, como obtempera Paulo Melchor, as figuras "profissional liberal" e "trabalhador autônomo" muitas vezes se entrelaçam:

> (...) grosso modo, devem ser considerados autônomos aqueles que atuam por conta própria (sem sócios) como profissional liberal (advogado, dentista, médico, engenheiro, arquiteto, contabilista etc.), que, na verdade, vendem serviços de natureza intelectual, mesmo que contem com o auxílio de empregados (...) são também considerados autônomos as pessoas que realizam pequenos negócios, sem uma estrutura própria e adequada para desenvolver suas atividades. São os trabalhadores que atuam por conta própria (sem sócio) e que prestam serviços ou realizam vendas sem uma estrutura física (estabelecimento) adequada para exercer suas atividades, e que, portanto, descaracteriza a atividade econômica organizada, conforme previsto no art. 966 do CC. Desta forma, o eletricista, a manicure, o pintor de residências que atuam por conta própria e que não possuem um estabelecimento organizado para prestar seus serviços, continuam a ser registrados na condição de autônomo, embora não exerçam profissão de cunho intelectual nos moldes do parágrafo único do artigo mencionado.[43]

Apartando os institutos, doutrinadores de peso têm avaliado a questão como nós. No caso do profissional liberal, Mônica Gusmão tem acurada apreciação:

> A nosso ver, as pessoas enumeradas no parágrafo único do art. 966 do Código Civil não serão consideradas empresárias se a atividade-fim desenvolvida por elas depender, exclusivamente, de sua própria profissão ou mão de obra. (...) se a atividade do empreendimento pode ser realizada exclusivamente pela atuação pessoal dos profissionais liberais ou sócios que o compõem, o exercício da empresa é centralizado e há a presença da pessoalidade (...). Não há organização e, pois, ausente o elemento de empresa. Por outro lado, se a atividade-fim do empreendimento for exercida com a colaboração de terceiros, a sociedade poderá caracterizar-se como empresária se estiver presente o elemento de empresa (organização). O elemento de empresa pode,

---

desenvolvimento de atividade econômica. O técnico em informática que instala programas e provê a manutenção de *hardware* atendendo aos clientes em seus próprios escritórios ou casa, o professor de inglês que traduz documentos para o português contratado por alguns alunos ou conhecidos deste, a massagista que atende a domicílio e milhares de outros prestadores de serviço – que, de telefone celular em punho, rodam a cidade – não podem ser considerados empresários, embora desenvolvam atividade econômica. Eles não são empresários, porque não desenvolvem suas atividades *empresarialmente*, não o fazem mediante a organização dos fatores de produção" (COELHO. *Sociedade simples (Parecer)*).

[43] MELCHOR. *Direito de empresa no novo Código Civil.*

também, caracterizar o empresário individual. Como já dito, quando a atividade dos profissionais liberais ou sócios da sociedade for apenas um componente para o exercício do objeto social haverá um "mero realizar da profissão". O trabalho por eles exercido não é fator preponderante para a atividade, não sendo incomum apenas gerirem o exercício dessa atividade. (...) quando a realização da atividade-fim do empreendimento depender do próprio profissional liberal ou de seus sócios, não há que se falar em elemento de empresa, porque o empreendimento não detém aquele mínimo de organização que o caracterizaria como uma sociedade empresária. Remarco, porque de vital importância: se não há elemento de empresa, não há sociedade empresária.[44]

Ricardo Fiuza persegue a mesma trilha:

Não seriam considerados assim como empresários os profissionais liberais de nível universitário, que desempenham atividades nos campos da educação, saúde, engenharia, música e artes plásticas, somente para citar alguns exemplos.[45]

No mesmo sentido, Paulo Melchor:

(...) não se considera empresário o profissional liberal que atua como advogado, dentista, médico, engenheiro, arquiteto, contabilista, artista plástico etc. Esses profissionais negociam "conhecimento" e não produtos e serviços típicos de atividades empresariais. A atuação individual desses profissionais se dá na condição de autônomos.[46]

Tratando do profissional autônomo – pessoa física que presta serviços habitualmente por conta própria a uma ou mais de uma pessoa, assumindo os riscos da sua atividade econômica –, lapidar é a apreciação de Gladston Mamede:

Para fruir os benefícios (...) é indispensável estar devidamente registrado no Registro de Empresas Mercantis; obviamente, não há falar em Registro Civil de Pessoas Jurídicas, nem mesmo Registro Civil de Pessoas Naturais, o que não atende, em nada, a regra do artigo 3º. Justamente por isso, o profissional autônomo não se beneficiará desta Lei Complementar nº 123/06. (...) Não há falar em microatividades negociais ou atividade de pequeno porte no que tange a trabalhadores autônomos; somente o

---

[44] GUSMÃO. Direito empresarial. 4. ed.
[45] FIUZA (Coord.). Novo Código Civil comentado.
[46] MELCHOR. MEI – Pequeno empresário microempreendedor individual.

empresário, devidamente registrado na Junta Comercial pode beneficiar-se dos regimes definidos para o pequeno empresário (artigos 970 e 1.179 do Código Civil, combinados com o artigo 68 deste Estatuto).[47]

Da mesma forma, as considerações de Melchor:

O art. 966 do Código Civil de 2003 conceitua o empresário individual como sendo aquele que exerce profissionalmente atividade econômica organizada para a produção ou circulação de bens ou de serviços. Diante desse conceito legal, conclui-se que não se considera empresário o trabalhador que exerce atividade econômica não organizada. Este é o caso, por exemplo, do vendedor ambulante que não possui local (estabelecimento) para estocar suas mercadorias.[48]

Nesse passo, considerando, como já esposado, que empresário é aquele que, objetivando o lucro, exerce atividade econômica organizada para a produção e a circulação de bens e serviços, asseveramos, a *contrário sensu*, a não configuração como empresário daquele que, mesmo exercendo uma atividade econômica para a produção, circulação ou serviços, não o faz habitualmente, ainda que tenha por objetivo o lucro. Nesse passo, também não é empresário aquele que exerce atividade econômica organizada para a produção, circulação e serviços, mesmo que o faça com habitualidade e organização, mas que não possua o lucro como objetivo.[49]

2.2 As sociedades

No atual regime jurídico, a sociedade subdivide-se em simples e empresária, consoante o prescrito no art. 982 do Código Civil,[50] estando ambas dedicadas à exploração de atividades econômicas (art. 44, II, CC). Entrementes, diante do preconizado no art. 1.150 do CC, só a empresária, registrada na Junta Comercial (Registro Público de

---

[47] MAMEDE et al. *Comentários ao Estatuto Nacional da Microempresa e da Empresa de Pequeno Porte*: Lei Complementar nº 123, de 14 de dezembro de 2006.
[48] MELCHOR. *MEI – Pequeno empresário microempreendedor individual*.
[49] Nessa linha de entendimento, LANGE. *Uma visão sistêmica do direito de empresas no novo Código Civil*.
[50] "Art. 982. Salvo as exceções expressas, considera-se empresária a sociedade que tem por objeto o exercício de atividade própria de empresário sujeito a registro (art. 967); e, simples, as demais.
Parágrafo único. Independentemente de seu objeto, considera-se empresária a sociedade por ações; e, simples, a cooperativa".

Empresas Mercantis), é titular de empresa. Conforme leciona Mamede, a sociedade simples, vinculada ao Registro Civil das Pessoas Jurídicas, não corresponde a empresa, pois sua atividade negocial não se caracteriza como tal.

Diante das regras sobre as sociedades prescritas no Código Civil, tem absoluta razão o jurista ao estranhar a afirmação, no *caput* do art. 32 da LC nº 123/06, de que a sociedade simples, devidamente registrada no Registro Civil de Pessoas Jurídicas, pode enquadrar-se como microempresa e empresa de pequeno porte, uma vez que, dessa forma, há oposição entre o Código e o Estatuto:

> Essa antinomia, no entanto, não conduz a qualquer efeito prático; não houve derrogação da norma civil e, com ela, o enfraquecimento, entre nós, do Direito da Empresa. O legislador foi apenas – e mais uma vez, entre incontáveis outras – atécnico. A confusão de se falar numa empresa (micro ou pequena) titularizada e exercida por uma sociedade simples é fruto, simplesmente, do desejo de estender a tal tipo societário o tratamento diferenciado e favorecido desta lei complementar. O legislador simplesmente não se deu ao trabalho de distinguir entre atividade negocial e empresa, reconhecendo ser esta (a empresa) uma espécie – com características próprias, trabalhadas pela Teoria da Empresa – daquela (a atividade negocial).[51]

Está incontestavelmente certo o jurisconsulto quando registra que o legislador, em certo momento, tomou conhecimento da falta de técnica do *caput* do art. 3º, tendo buscado minimizar a falha quando fez constar, no §1º do art. 9º, a frase "sociedades empresárias e de demais equiparados que se enquadrarem como microempresa ou empresa de pequeno porte". Realmente, como considera o analista, foi o quanto bastou para deixar claro que se fez a inclusão das sociedades simples para equiparação às sociedades empresariais, com o fito específico de lhes permitir a fruição do tratamento diferenciado e favorecido a ser dispensado às microempresas e empresas de pequeno porte.

2.2.1 A sociedade simples

O art. 53 do Código Civil dispõe que as associações se constituem pela união de pessoas que se organizem para fins não econômicos,

---

[51] MAMEDE et al. *Comentários ao Estatuto Nacional da Microempresa e da Empresa de Pequeno Porte*: Lei Complementar nº 123, de 14 de dezembro de 2006.

cabendo aos associados ou sócios convencionarem se respondem ou não subsidiariamente pelas obrigações sociais (art. 46, V).

Ao se unirem para a formação de uma sociedade, as pessoas podem optar por uma sociedade empresária ou uma sociedade simples, consoante os seus objetivos e forma de constituição.

No que se refere às sociedades simples, infelizmente, o Código Civil não é nada claro. O art. 983,[52] que disciplina a figura, é extremamente vago.

No entender de Sérgio Campinho, a sociedade simples está vocacionada à exploração de atividades econômicas específicas, pois o ordenamento jurídico positivo é quem lhe reserva o objeto, não devendo ser confundidas, entretanto, com as vetustas sociedades civis. Quanto a esse aspecto, afirma que, atualmente, as sociedades civis podem ser simples, se não exercerem atividades empresariais.

Dílson Lange define a sociedade simples como aquela que exerce uma atividade organizada, econômica ou não, na produção, circulação ou serviços, ou seja, com habitualidade, mas sem intenção de lucro, parecendo-se, em tudo, com a sociedade empresária, se diferenciando somente em duas de suas características básicas: atividade econômica e objetivo do lucro.[53] Dissentimos, entrementes, do jurista, porquanto, a nosso ver, a luz do Código Civil, a sociedade simples, embora exerça atividade econômica não empresarial, visa efetivamente o lucro. Na nossa ótica, a diferença em relação à sociedade empresária repousa na ocorrência ou não de atividade econômica organizada para a circulação de bens ou serviços. Não existindo esse fator, a sociedade será simples.[54] Como a linha limítrofe entre uma e outra é extremamente tênue, Carlos Ashikaga[55] considera que essas disposições somente encontrarão compreensão e extensão claras com o entendimento jurisprudencial futuro. Não obstante, pondera que, nos casos concretos, há que se definir o que seja a atividade organizada do empresário.

---

[52] Art. 983. A sociedade empresária deve constituir-se segundo um dos tipos regulados nos arts. 1.039 a 1.092; a sociedade simples pode constituir-se de conformidade com um desses tipos, e, não o fazendo, subordina-se às normas que lhe são próprias.
Parágrafo único. Ressalvam-se as disposições concernentes à sociedade em conta de participação e à cooperativa, bem como as constantes de leis especiais que, para o exercício de certas atividades, imponham a constituição da sociedade segundo determinado tipo.
[53] LANGE. *Uma visão sistêmica do direito de empresas no novo Código Civil.*
[54] César Fiuza tem idêntico entendimento (*Direito civil*: curso completo. 8. ed.).
[55] ASHIKAGA. *As sociedades no novo Código Civil.*

2.2.2 A sociedade empresária

O art. 981 do CC preconiza que celebram contrato de sociedade as pessoas que, reciprocamente, se obrigam a contribuir com bens ou serviços para o exercício de atividade econômica, bem como a partilha entre si dos resultados, podendo a atividade restringir-se à realização de um ou mais negócios determinados (consoante prevê o parágrafo único). Por seu turno, o art. 982 informa que, salvo expressas exceções, será considerada sociedade empresária aquela que tem por objeto o exercício de atividade própria de empresário sujeito a registro (consoante o disposto no art. 967) – podendo estabelecer-se segundo os tipos elencados nos artigos 1.039 a 1.092 do Código Civil –, sendo as demais sociedades simples. Por fim, o parágrafo único estabelece que, independentemente de seu objeto, considerar-se-á empresária a sociedade por ações; e, simples, a cooperativa.

Sociedade empresária é, por conseguinte, um grupo de pessoas que exerce profissionalmente atividade econômica organizada para a produção ou circulação de bens ou serviços, constituindo elemento de empresa, sempre com o intuito do lucro para partilha entre elas.

Mônica Gusmão[56] argumenta que a sociedade empresária equivale à pessoa jurídica, ente abstrato ao qual a ordem jurídica atribui personalidade jurídica. É sujeito de direitos. A regularidade da sociedade empresária depende do arquivamento dos atos constitutivos (contrato ou estatuto) no órgão competente (Registro Público de Empresas Mercantis) conforme o disposto no art. 967 do Código Civil.

Na verdade, sua concepção é subdividida em duas etapas: a de fato e a de direito. A etapa inicial é a do contrato social, que concebe a sociedade de fato; depois, há a segunda etapa, com o registro contratual, ou seja, com o arquivo no Registro Público, momento efetivo de seu nascimento jurídico.[57]

---

[56] GUSMÃO. Direito empresarial. 4. ed.
[57] Situação que determinou o comentário de Mônica Gusmão: "(...) a natureza desse registro é meramente declaratória, porque a sociedade empresária adquire essa condição independentemente do registro, salvo na hipótese do rural, em que o registro é constitutivo. A personalidade jurídica e a proteção legal é que se darão a partir do respectivo registro no órgão competente (art. 985 CC) daí porque o art. 967 do Código torna obrigatória a inscrição do empresário antes do início de sua atividade. Entendimento diverso levaria à conclusão de que a lei estaria dispensando tratamento privilegiado às sociedades irregulares, já que, não sendo consideradas empresárias, pela falta do registro, não poderiam incidir em falência, instituto que somente se aplica aos empresários" (GUSMÃO. Direito empresarial. 4. ed.).

2.2.3 A sociedade cooperativa

Em face do preconizado na Lei nº 11.488, de 15.7.2007, também passaram a fazer parte do grupo de destinatários do regramento referente ao "acesso aos mercados" as sociedades cooperativas,[58] consoante dispôs seu art. 34, como a seguir:

> Art. 34. Aplica-se às sociedades cooperativas que tenham auferido, no ano-calendário anterior, receita bruta até o limite definido no inciso II do *caput* do art. 3º da Lei Complementar nº 123, de 14 de dezembro de 2006, nela incluídos os atos cooperados e não-cooperados, o disposto nos Capítulos V a X, na Seção IV do Capítulo XI, e no Capítulo XII da referida Lei Complementar.

Discute-se muito sobre a participação das cooperativas em licitações, uma vez que essas sociedades de pessoas, sem fins lucrativos, além de possuírem tratamento tributário diferenciado, não estão sujeitas aos pagamentos de natureza trabalhista, em face de inexistir vínculo empregatício entre cooperativas e cooperados.[59]

Já defendemos por diversas vezes, inclusive em ensaio e livro,[60] a normal participação das cooperativas em licitações.[61] Isso porque, reconhecidas como sociedades simples pelo Código Civil – Lei nº 10.406, de 10.01.2002 (art. 982, parágrafo único) e delineadas no mesmo Código nos artigos 1.093 a 1.096 (ressalvando-se a legislação especial – Lei nº 5.764/1971), são plenamente dotadas de capacidade jurídica, restando, dessa forma, totalmente aptas para exercerem direitos e contraírem obrigações, o que significa, sem restrições, que podem celebrar contratos. Nossa afirmativa demandou, inclusive, o seguinte comentário do Ministro do TCU Benjamin Zymler:

---

[58] Dispositivo que Gina Copola, ferrenha defensora da normal participação das cooperativas em licitações, classificou como alvissareiro (COPOLA. *A participação das cooperativas em licitações*: o direito de preferência previsto pela Lei Federal nº 11.488, de 15 de junho de 2007).

[59] Na Constituição Federal, o art. 146, inciso III, alínea "c" estabelece que cabe à lei complementar estabelecer adequado tratamento tributário ao ato cooperativo praticado pelas cooperativas, e o art. 174, §2º, l, prevê que a lei apoiará e estimulará o cooperativismo e outras formas de associativismo. Em função das determinações constitucionais, a Lei nº 5.764/71 definiu a Política Nacional de Cooperativismo e institui o regime jurídico das sociedades cooperativas.

[60] BITTENCOURT. *A participação de cooperativas em licitações públicas*.

[61] Esse é o entendimento da maioria dos juristas especializados, tais como Marcos Juruena, Renato Lopes Becho, Ivana Nápoli, Amilcar Barca, Flávio Amaral Garcia, Francisco Rezende, Lívio Ciotti, Newton Sarat, Marçal Justen, Adrienne Brasil, Airton Nóbrega, Ricardo Piccoli, entre outros.

Dessa forma, aquele que contrata com cooperativa não mantém vínculo com o associado que lhe presta serviço, mas sim com a cooperativa. A propósito da inexistência de vínculo empregatício do tomador com o associado de cooperativa, a CLT normatiza o assunto, através do parágrafo único do art. 442 (...).[62]

Ocorre que, muito embora tanto as micro e pequenas empresas quanto as cooperativas tenham um tratamento especial por parte da Constituição, certo é que se alojam em patamares diferenciados. Grosso modo, as micro e pequenas empresas estão voltadas tão somente para o lucro, como qualquer empresa; as cooperativas, diferentemente, voltam-se para o associativismo, ou seja, a prestação de auxílio para um fim comum, inexistindo a ideia do lucro como fim. Nesse diapasão, surge a indagação quanto à correção do tratamento semelhante dado às categorias.[63]

Apreciando todos os regramentos diferenciados dispostos na LC nº 123/06, não vislumbramos impedimentos nesse sentido. Talvez suscite apenas a dúvida da preferência quando de um empate entre micro ou pequenas empresas e cooperativas, sob o argumento de que as cooperativas se beneficiariam por extensão, não por direito próprio, em eventual disputa com o direito precedente daquelas empresas. Cremos, entretanto, que Jessé Torres e Marinês Dotti afastam essa dúvida com maestria:

> (...) tal compreensão pressuporia a existência de parte principal (as microempresas e empresas de pequeno porte) e secundária (as cooperativas, na qualidade de assistentes das empresas), no processo administrativo da licitação, o que não se concilia com a índole da competição licitatória, nem com a finalidade da Lei nº 11.488/07. Assim, mesmo que do certame não participem microempresas ou empresas de pequeno porte, as cooperativas, que se apresentarem e preencherem os requisitos

---

[62] TCU. Acórdão nº 22/2003, Plenário. Julg. 22.1.2003.
[63] Torres e Dotti, comentando o redesenho normativo no âmbito das licitações no ordenamento jurídico pátrio com a edição da LC nº 123/06, surpreendem-se com a mais nova regra legal sobre o tema: "E mal se digeriu a novidade – ainda aguardando-se sobrevinda de prometidas leis de regulamentação – e já outra se sobrepõe com a Lei nº 11.488, de 15 de junho de 2007, cujo art. 34 manda aplicar às sociedades cooperativas que tenham auferido, no ano-calendário anterior, receita bruta até o limite definido no inciso II do *caput* do art. 3º da Lei Complementar nº 123, de 14 de dezembro de 2006, nela incluídos os atos cooperados e não cooperados, o disposto nos Capítulos V a X, na Seção IV Capítulo XI, e no Capítulo XII da referida Lei Complementar" (*As sociedades cooperativas e o tratamento privilegiado concedido às microempresas e empresas de pequeno porte (Lei Complementar nº 123/06 e Lei nº 11.488/07).*

legais, farão jus ao desempate e terão preferência na contratação em disputa com empresas de maior porte, nos termos da LC nº 123/06. E, caso as empresas micro e pequenas se apresentem na competição, as cooperativas disputarão o contrato em igualdade de condições com elas, já que entre as beneficiárias do tratamento diferenciado não pode haver hierarquia, nem prelação.[64]

Inexistindo qualquer entrave para a adoção de tratamento diferenciado também para as cooperativas, alinhamo-nos ao pensamento de Gina Copola, considerando acertado o regramento, uma vez que tratar de forma diferenciada as diferentes espécies societárias existentes em nosso Direito é consequência normal da aplicação das normas e dos princípios existentes no sistema jurídico brasileiro, na medida em que essas sociedades são inteiramente desiguais em sua natureza, em seus institutos e em seus propósitos.

Torres e Dotti concluíram de forma idêntica:

> Em síntese, as sociedades cooperativas podem constituir-se segundo as normas previstas no vigente Código Civil e na Lei nº 5.764/71, ou seja, com configuração própria, tendo por objeto social a prestação de serviços ou a produção e comercialização de bens, desde que os executores das obrigações inseridas nos contratos que venham a celebrar sejam os próprios cooperados, sem a subordinação típica da relação patrão-empregado.
> Às cooperativas que auferem receita bruta anual de até R$2.400.000,00 (dois milhões e quatrocentos mil reais) foram estendidos os benefícios deferidos às empresas de pequeno porte e microempresas pela LC nº 123/06, dentre os quais tratamento diferenciado quando participarem de licitações (notadamente, prazo para a emenda de irregularidades fiscais e empate ficto), regime a que fazem jus por direito próprio e independentemente da participação, no certame, de microempresas e empresas de pequeno porte.

Curiosamente, contrapondo-se a esse regramento, com base no fundamento de que cabe prevenir a responsabilidade solidária de que cuida a Súmula nº 331-TST, item IV, nos casos em que a Justiça do Trabalho julgar fraudulenta a cooperativa de trabalho, configurando-a como simples intermediadora de mão de obra, nas hipóteses em que a execução das atividades implicarem subordinação, habitualidade e

---

[64] PEREIRA JÚNIOR; DOTTI. *As sociedades cooperativas e o tratamento privilegiado concedido às microempresas e empresas de pequeno porte (Lei Complementar nº 123/06 e Lei nº 11.488/07).*

pessoalidade, o Ministério Público do Trabalho e a União, por intermédio da Advocacia-Geral da União, firmaram um termo de conciliação judicial, em 5.6.2003, no qual a segunda assumiu o compromisso de abster-se de contratar trabalhadores, por meio de cooperativas de mão de obra, para a prestação de serviços ligados às suas atividades fim ou meio, quando o labor, por sua própria natureza, demandar execução em estado de subordinação, quer em relação ao tomador, ou em relação ao fornecedor dos serviços, constituindo elemento essencial ao desenvolvimento e à prestação dos serviços terceirizados, sendo eles os serviços de limpeza, conservação, segurança, vigilância, portaria, recepção, copeiragem, reprografia, telefonia, manutenção de prédios, equipamentos e veículos e de instalações, secretariado e secretariado executivo, auxiliar de escritório, auxiliar administrativo, *office-boy* (contínuo), digitação, assessoria de imprensa e de relações públicas, motorista, no caso de os veículos serem fornecidos pelo próprio órgão licitante, ascensorista, enfermagem e de agentes comunitários de saúde.

A Organização das Cooperativas do Brasil (OCB) buscou, ao longo dos anos, a anulação judicial[65] desse acordo, uma vez que, evidentemente, a generalização alcançava injustamente as cooperativas sérias, legalmente estabelecidas.

Sobre a questão, asseverou Ricardo Piccoli:

> A participação das cooperativas não pode, como regra geral, ser obstada, posto que a própria Administração encontrará a eficiência, realizando o interesse público. E se a lei não veda a participação de cooperativas em licitações públicas, sua exclusão geral pelo Edital pode configurar uma discriminação ilegal, com evidente abuso de poder da Administração, sujeitando-se, pois, ao controle do Judiciário.[66]

Marcelo Oliveira dos Santos alertou que o descompasso entre o nosso ordenamento jurídico e o trabalho coletivo não pode servir de sustentáculo para suprimir do mundo jurídico pátrio a existência e atuação das cooperativas de trabalho prestadoras de serviços:

---

[65] Segundo informou Carlos Pinto Coelho Motta, a OCB chegou a lograr êxito, com a suspensão do acordo, em decisão proferida em 2003 pela Juíza Marli Lopes da Costa de Góes Nogueira, da 15ª Vara do Tribunal Regional do Trabalho (TRT) da 10ª Região, com sede do Distrito Federal (*Aplicação do Código Civil às licitações e contratos*). Não obstante, o Superior Tribunal de Justiça (STJ) proferiu decisão posterior, em sede de Agravo Regimental em Suspensão de Segurança, confirmando o acordo, nos termos do AgRg na SS nº 1.352/RS (STJ). Agravo Regimental na Suspensão de Segurança nº 2004/0063555-1, Corte Especial. Rel. Min. Edson Vidigal. *DJU*, 9.2.2005).

[66] PICCOLI. *Licitações e sociedades cooperativas*.

(...) postando-se como antijurídico, portanto, a proibição de contratação de cooperativa quando houver necessidade de subordinação, posto que na cooperativa a subordinação se dá em relação à Assembleia Geral, por meio do Estatuto e Regulamentos. E como já frisado, tal fato não retira a autonomia individual do cooperado, mas submete-o, democraticamente, à vontade da maioria. Isso possibilita a prestação de serviços sem comprometimento da qualidade do trabalho coletivo.[67]

Elencando diversos – e alicerçados – argumentos, em capítulo sobre a questão, Amílcar Barca e Lívio Ciotti,[68] com raro tirocínio, demonstraram o quanto era absurdo supor que as sociedades cooperativas estariam impedidas de participar de certames licitatórios, pois

(...) quando as cooperativas estão plenamente ajustadas a procedimentos normativos, a sua contribuição ao processo de desenvolvimento não pode ser ignorada por governos responsáveis, os quais devem introduzi--las nesse processo como importante mecanismo para que o mesmo seja alcançado de forma mais rápida, principalmente em áreas onde o subdesenvolvimento é mais presente e em setores onde ele apresenta maior dinamismo, visando, sobretudo:
a) reduzir ou eliminar as imperfeições de mercado em busca de uma situação de maior eficiência da economia;
b) ampliar a capilaridade, transparência e eficácia dos instrumentos de política do governo que visem ao desenvolvimento econômico;
c) reduzir as desigualdades econômicas e sociais;
d) elevar a arrecadação tributária, por unidade vendida em função das modificações introduzidas no sistema econômico;
e) sedimentar o processo educativo;
f) aperfeiçoar a democracia.[69]

Como um dos pontos focados pelo MPT consistia na fraude trabalhista das cooperativas de trabalho (sob a alegação de que não passam de empresas travestidas que vêm contratando com o poder público para prestar serviços totalmente alheios ao seu objetivo social), trazendo à colação o ressaltado por Guilherme Krueger, concluíram os juristas:

---

[67] SANTOS. *A participação das cooperativas de trabalho – prestadoras de serviços – nas licitações públicas*.
[68] TEIXEIRA JÚNIOR; CIOTTI. *Cooperativas de trabalho na administração pública*.
[69] Conforme lições de NASCIMENTO. *Cooperativismo como alternativa de mudança*: uma abordagem normativa.

Infelizmente, (...) o Ministério Público do Trabalho não está sabendo aproveitar um pertinente ensinamento do Exmo. Sr. Juiz Azulino de Andrade, do Tribunal Regional do Trabalho da 1ª Região, para quem "o princípio da primazia da realidade (CLT, art. 9º) não deve merecer aplicação isolada, mas considerado todo o contexto da legislação pertinente, desde a CLT (art. 442, parágrafo único e art. 34) até as diversas leis específicas (Lei nº 9.876, de 10.11.99, DOU de 11.11/99). E, sobretudo, as circunstâncias sociológicas subjacentes, com a existência de aproximadamente 6 milhões de trabalhadores cooperativados, dos quais cerca de 1 milhão no nosso Estado do Rio de Janeiro (IBGE)".[70]

Posteriormente, em obra específica sobre a matéria, apresentaram contundentes argumentos técnico-jurídicos:

Tendo em vista estes argumentos, torna-se praticamente impossível, sob o ponto de vista do processo legislativo vigente em nossa Constituição Federal, (...) o cumprimento do aludido Termo de Conciliação Judicial, porquanto frontalmente ilegal, discriminatório, comparável aos abomináveis Atos Institucionais Vigentes no Regime Militar de 64 (AI-5, por exemplo), de triste lembrança em nossa recente história, o que importa – uma vez mais – em afronta ao princípio da isonomia, razão pela qual devem tais exigências ser invalidadas em face de sua manifesta abusividade.[71]

Também com veementes críticas ao acordo MPT-AGU, as sempre sensatas palavras do Prof. José Pastore:

São poucas as estatísticas sobre a participação das cooperativas de trabalho no volume de reclamações trabalhistas que, atualmente, tramitam na Justiça do Trabalho. Mas alguns escassos números já permitem interpretar esta realidade. Dados do Tribunal Superior do Trabalho (TST) indicam que, em 2005, foram autuados 17.735 processos trabalhistas referentes à atividade econômica na indústria. O sistema financeiro aparece em segundo lugar, com 15.762 processos autuados, enquanto a atividade econômica circunscrita no campo da comunicação apresenta-se com 8.284 processos. Em conformidade com o TST, o setor de serviços, em que atuam as cooperativas de trabalho, é decomposto em serviços urbanos e serviços diversos. O Tribunal não informa o que denomina de serviços diversos. Do total de 92.897 ações autuadas no TST só no ano de 2005, as empresas e cooperativas que atuam na área

---

[70] KRUEGER. *Cooperativas de trabalho na terceirização*.
[71] TEIXEIRA JÚNIOR; CIOTTI. *Cooperativas de trabalho e o Termo de Conciliação Judicial AGU-MPT*.

de serviços urbanos contribuíram com 7.511 ações, ou seja, 8,08% desse universo. Os números revelam, ainda que de forma imprecisa, que o passivo trabalhista gerado pelas cooperativas de trabalho, apresentado pelo TST, é incipiente, muito embora não se negue que haja problemas nesse setor. O raciocínio lógico para quem justifica a consumação do acordo restringindo o mercado para determinadas atividades econômicas, sob o argumento de que apresentam elevado número de ações trabalhistas, leva à conclusão de que todo o sistema de relações de trabalho deve ser revisto, já que o Brasil é campeão mundial de reclamações trabalhistas, com 2,5 milhões de processos judiciais ao ano. Seguindo o mesmo raciocínio, as empresas do setor privado deveriam deixar de contratar empregados e sofrer restrições de atuação no mercado, já que também geram muitas ações trabalhistas, o que seria um absurdo. (...) Os números do TST, portanto, indicam duas possibilidades: ou o Ministério Público do Trabalho, autor do acordo que restringe a participação de cooperativas de trabalho no mercado, os desconhece, o que não se compreende, ou, o que é pior, os conhece, porém não os admite. Acertadamente, como disse recentemente o ex-presidente da República Fernando Henrique Cardoso, *o rei está nu*. Nada como as ciências exatas para concluir que, geralmente, falácias se curvam aos fatos.[72]

Críticas semelhantes partiram de Marcelo Santos:

Mostra-se, portanto, retrógrado e desarrazoado o entendimento do Ministério Público, posto que não se está a defender o enfraquecimento das seguranças e garantias advindas da relação empregatícia para quem as têm. O que está em pauta é a institucionalização de um enorme grupo de cidadãos desassistidos (10% de desempregados e 60% de trabalhadores informais), que, potencialmente podem se organizar, coletivamente, por meio de uma cooperativa, conseguindo com menos dificuldade, concorrer com as sociedades mercantis no selvagem mercado capitalista.[73]

A nosso ver, consoante obtemperamos anteriormente,[74] a existência de cooperativas fraudulentas não justifica a presunção de que todas o sejam. Consequentemente, a correção de distorções com a adoção de instrumental que afasta as legítimas cooperativas das competições licitatórias é inconstitucional e ilegal, não merecendo acolhida por parte

---

[72] PASTORE. *As cooperativas e a justiça trabalhista*.
[73] SANTOS. *A participação das cooperativas de trabalho – prestadoras de serviços – nas licitações públicas*.
[74] BITTENCOURT. *Licitação passo a passo*: comentando todos os artigos da Lei nº 8.666/1993 totalmente atualizada, levando também em consideração a Lei Complementar nº 123/06, que estabelece tratamento diferenciado e favorecido às microempresas e empresas de pequeno porte nas licitações públicas. 6. ed.

do Poder Judiciário, pois, como alerta Bruno Xavier, "não se medica a unha encravada cortando o pé do enfermo".[75]

2.2.4 O microempreendedor individual e produtor rural pessoa física e o agricultor familiar conceituado na Lei nº 11.326/2006

Impende assentar que, entre as alterações promovidas na LC nº 123/2006, a LC nº 128/2008 inseriu a figura do microempreendedor individual, definido no §1º do art. 18-A como o

> empresário individual a que se refere o art. 966 da Lei nº 10.406, de 10 de janeiro de 2002 (Código Civil), que tenha auferido receita bruta, no ano-calendário anterior, de até R$60.000,00 (sessenta mil reais), optante pelo Simples Nacional e que não esteja impedido de optar pela sistemática prevista neste artigo.

Desse modo, a LC nº 123/2006 disciplinou também o microempreendedor individual, ao qual estendeu o tratamento jurídico diferenciado nas contratações públicas.

Da mesma maneira, a LC nº 147/2014 inseriu o art. 3º-A na lei, dispondo:

> Art. 3º-A. Aplica-se ao produtor rural pessoa física e ao agricultor familiar conceituado na Lei nº 11.326, de 24 de julho de 2006, com situação regular na Previdência Social e no Município que tenham auferido receita bruta anual até o limite de que trata o inciso II do caput do art. 3º o disposto nos arts. 6º e 7º, nos Capítulos V a X, na Seção IV do Capítulo XI e no Capítulo XII desta Lei Complementar, ressalvadas as disposições da Lei nº 11.718, de 20 de junho de 2008.

Dessa forma, o produtor rural pessoa física e o agricultor familiar também passaram a ter tratamento jurídico diferenciado nas contratações públicas.

Ricardo Berloffa, Caroline Casquel e Flavia Vianna destacaram as mudanças:

> Os produtores rurais que sejam pessoa física e os agricultores familiares foram equiparados às MPE para fins de aplicação dos benefícios

---

[75] XAVIER. *Licitações públicas e a participação de cooperativas.*

descritos no *Capítulo V – Do acesso aos mercados*. Portanto, também terão direito aos benefícios nas licitações.

As contratações públicas da Agricultura Familiar normalmente são feitas de acordo com as Políticas do PAA – Programa de Aquisição de Alimentos, apoiadas e financiadas pelo MOA – Ministério do Desenvolvimento Agrário, MDS – Ministério do Desenvolvimento Social ou para alimentação escolar, de acordo com as orientações da Lei nº 11.947 de 16 de junho de 2009, para aplicação dos recursos do Fundo Nacional de Desenvolvimento da Educação – FNDE.

A partir de agora, o que ocorre é a equiparação do Produtor Rural Pessoa Física e do Agricultor familiar às MPE, a fim de que possam usufruir também dos benefícios em licitações públicas descritas no Capítulo V da lei Complementar nº 123/2006. Desta forma os editais de licitação precisarão ser adaptados para que contenham o novo tipo de fornecedor, que deverá concorrer com as mesmas condições ofertadas às MPE. Os documentos a serem exigidos são diferentes dos solicitados nas licitações tradicionais e os editais precisarão refletir essas mudanças para evitar que sejam excluídos.

Outra inovação é a ratificação da posição do MEI como fornecedor apto a participar de licitações públicas, não podendo sofrer qualquer tipo de discriminação por parte do comprador público. Os editais de licitação devem prever a participação do MEI e solicitar os documentos que são exclusivos como o CCMEI, em substituição ao contrato social, e o registro em cartório. Esta é a disposição do art. 18-E da LC nº 123.[76]

2.3 A questão da comprovação do preenchimento dos requisitos para direito aos benefícios

Como mencionado no início deste trabalho, as regras dispostas na LC nº 123/06, instituidoras do Estatuto Nacional das Micro e Pequenas Empresas, foram primordialmente delineadas para estabelecer tratamento diferenciado a nível tributário, não obstante contemplar áreas diversas do Direito (Civil, Empresarial, Trabalhista, Previdenciário e Administrativo).

Como a tarefa que nos propusemos foi a de tentar elucidar a parte dedicada ao Direito Administrativo – especificamente das licitações públicas –, é indispensável examinar esse nicho da LC nº 123/06, apartando-o dos demais, uma vez que, no que se refere aos benefícios, há, certamente, cruciais diferenças de ângulos.

---

[76] BERLOFFA; CASQUEL; VIANNA. *Licitação com micros e pequenas empresas.*

Assim, é primordial destacar que a fruição dos benefícios licitatórios oferecidos pela LC está apartada da qualificação para obtenção do regime tributário simplificado (forma unificada de recolhimentos de tributos denominada Simples Nacional). *Vide* que o art. 17 da LC veda o ingresso no Simples Nacional de micro e pequenas empresas de alguns setores específicos. Entrementes, em nenhuma hipótese as afasta dos benefícios voltados para as licitações, uma vez que toda empresa optante pelo Simples Nacional será, necessariamente, micro ou pequena empresa, mas nem todas enquadradas nessa categoria poderão optar pelo regime tributário simplificado.

Desse modo, para poder usufruir dos benefícios no âmbito licitatório, as micro e pequenas empresas não necessitarão estar fruindo do benefício do tributo simplificado, isto é, a empresa pode estar enquadrada como micro ou pequena, e como tal, aproveitar-se dos benefícios que a LC oferece na participação em certames licitatórios, sem, efetivamente, estar gozando dos do Simples Nacional.

Por oportuno, destaca-se que, ainda hoje, mesmo com vários anos de aplicação da LC nº 123/06, há ainda dúvidas práticas quanto à qualificação da empresa na condição de micro ou pequena empresa, como se pode constatar em pesquisa na internet em instrumentos convocatórios divulgados. Há, por exemplo, a solicitação de declaração do licitante sobre o seu enquadramento; ou a de certidão emitida pela Junta Comercial; ou obrigatoriedade de a empresa possuir a expressão "Empresa de Pequeno Porte", ou "EPP", juntamente com sua denominação social, como preceitua o art. 72 da LC nº 123/06;[77] ou, ainda, a de cópia do balanço patrimonial e de demonstrações contábeis do último exercício social, entre outras.

---

[77] "13. Análise. O enquadramento da licitante vencedora como empresa de pequeno porte é da alçada do órgão competente, e, pela prova dos autos (...), há prova idônea de que tal enquadramento existe, embora a (...) não venha utilizando a expressão 'Empresa de Pequeno Porte' ou 'EPP' juntamente com sua denominação social, como preceitua o art. 72 da Lei Complementar nº 123/2006. A Unidade Técnica *a quo* já havia constatado (...) que 'a empresa preencheu devidamente o formulário eletrônico denominado Declaração ME/EPP/ Cooperativa (fls. 196 do anexo 1), exigida no art. 11 do Decreto nº 6.204, de 5 de setembro de 2007', bem como as evidências de enquadramento válido da licitante vencedora" (TCU. Acórdão nº 5.804/2009, Primeira Câmara. Rel. Min. Valmir Campelo. *DOU*, 16.10.2009).

3 O regime diferenciado

3.1 Os objetos das contratações

O tratamento diferenciado e favorecido da LC nº 123/06 se direciona textualmente para bens. Surpreendentemente, não faz referência às licitações que visem à contratação de obras ou serviços, lançando a primeira dúvida ao aplicador da norma: haveria tratamento diferenciado para as pequenas empresas nas contratações desses objetos?

Não obstante o subtítulo "Das Aquisições Públicas" induzir a que se responda negativamente à indagação, entendemos, diante do panorama exposto na apresentação deste trabalho definidor dos objetivos da Lei, que é necessário vislumbrar a expressão no sentido mais amplo possível, substituindo-a por "Das contratações públicas", de modo que seja possível concluir por sua adoção também nas contratações de obras. E por quê? Porque dessa forma se estará atingindo, na sua plenitude, a finalidade da norma, pedra angular na interpretação do Direito Administrativo. Anacleto Santos[78] possui a mesma ótica, concluindo que a interpretação sistemática admite esse raciocínio técnico-jurídico, porquanto seria totalmente ilógico o atendimento da letra da Lei na sua literalidade.[79] Pelo mesmo motivo, de forma inversa, a regra não é válida para as alienações e concessões, uma vez que, nessas hipóteses, a Administração não estará realizando uma contratação nos moldes e objetivos da Lei.[80]

Nesse diapasão, andou acertadamente o elaborador da primeira ferramenta regulamentar federal (Decreto nº 6.204/07), porquanto, buscando atender ao propósito de operacionalizar a Lei, especificou, no art. 1º, que o tratamento favorecido, diferenciado e simplificado, a ser concedido às micro e pequenas empresas nas contratações públicas, não só alcançaria bens e serviços, mas também obras. É o que ponderou Carlos Pinto Coelho Motta, ao advertir que o dispositivo não tratava apenas de aquisições, no seu sentido mais comum de compra, definida

---

[78] SANTOS. *Licitações e o estatuto da microempresa e empresa de pequeno porte.*
[79] Não temos dúvidas que a falha do legislador ocasionará problemas sérios na aplicação prática.
[80] De forma diversa, Carlos Pinto Coelho Motta defende que a regra também é válida para a Lei nº 8.987/95, que rege as concessões comuns e as permissões (Apontamentos ao regulamento licitatório das microempresas e empresas de pequeno porte: Decreto Federal nº 6204/2007). Aline Câmara e Leonardo Ribeiro não vislumbraram obstáculos à aplicação da sistemática nas concessões e permissões de uso (*O impacto da lei de microempresas e empresas de pequeno porte nas contratações públicas*).

como "obrigação de dar", pois redimensiona corretamente o alcance de aplicação do texto legal, tendo a expressão "serviços" o sentido de "fruição", devendo ser entendida de forma abrangente.

No mesmo passo, o Decreto nº 8.538, de 6.10.2015, atual ato regulamentar federal, prescreve, em seu art. 1º,[81] que, nas contratações públicas de bens, serviços e obras, deverá ser concedido tratamento favorecido, diferenciado e simplificado para microempresas e empresas de pequeno porte, agricultor familiar, produtor rural pessoa física, microempreendedor individual – MEI e sociedades cooperativas, nos termos nele dispostos, com objetivo de promover o desenvolvimento econômico e social no âmbito local e regional, ampliar a eficiência das políticas públicas e incentivar a inovação tecnológica.

3.2 A regularidade fiscal *a posteriori*

Reza o art. 42 que, nos certames licitatórios, a comprovação de regularidade fiscal e trabalhista[82] das micro e pequenas empresas somente será exigida para efeito de assinatura do contrato.

Essa regra não pode ser aplicada sem conjugação com a prescrita no art. 43, que disciplina que essas empresas deverão apresentar toda a documentação exigida para tal comprovação por ocasião da participação em certames licitatórios, ainda que com limitações. Há lógica nessa determinação, uma vez que a apresentação dissociada restaria sem sentido.

A fase de habilitação é aquela em que são apreciados os documentos especificados no instrumento convocatório da licitação.

O art. 43 torna clara a obrigatoriedade de os documentos comprovadores de regularidade fiscal e trabalhista dessas empresas estarem acondicionados no envelope de habilitação, mesmo que algum contenha determinada restrição.[83] Tal fato demandará a exclusão do certame daqueles que não apresentem documentação dessa natureza.

Como anotam Ricardo Berloffa, Caroline Casquel e Flavia Vianna, "compreende-se que o benefício se restrinja ao saneamento e não à complementação, pois, do contrário, estabelecer-se-ia a

---

[81] Com redação dada pelo Decreto nº 10.273/2020.
[82] A LC nº 155/2016 acresceu a regularidade trabalhista, a partir de janeiro de 2018.
[83] De maneira diversa, Ivan Rigolin, que avaliou o texto de forma literal: "Se é assim, o edital precisará informar que, se o licitante for micro ou pequena empresa, não precisará apresentar a documentação fiscal (...) no envelope de habilitação" (*Micro e pequenas empresas em licitação*: a LC nº 123, de 14.12.2006: comentários aos arts. 42 a 49).

desordem processual, ficando os beneficiários da LC nº 123 com o direito de apresentar parte dos documentos no momento em que bem entendessem".[84]

Há de se ter sempre em mente que a Lei prevê as mesmas regras para procedimentos diferenciados, já que tanto as modalidades licitatórias elencadas na Lei nº 8.666/1993 (convite, tomada de preços e concorrência) quanto as dispostas na Nova Lei de Licitações (Lei nº 14.133/2021: pregão, concorrência, concurso, leilão e diálogo competitivo) possuem rito próprio, constituindo, sem dúvida, fator determinante para um grande esforço de interpretação, com vistas à aplicabilidade.

Certo é que, independentemente da modalidade empregada, caso a micro ou pequena empresa não sane a falha da documentação fiscal apresentada, deverá a Administração expedir ato administrativo de inabilitação, o qual, evidentemente, servirá como base para a licitante inabilitada exercer o seu direito de petição, com a consequente interposição de recurso administrativo.[85]

3.2.1 O suprimento dos defeitos dos documentos de regularidade fiscal e trabalhista

O §1º regula a conduta na hipótese de existência de alguma restrição no documento comprovador de regularidade fiscal e trabalhista da micro ou pequena empresa.

---

[84] BERLOFFA; CASQUEL; VIANNA. *Licitação com micros e pequenas empresas*.

[85] Questão interessante diz respeito à apresentação de certidão vencida: tal situação implicaria na interpretação de que a documentação se encontra com restrições, passível, dessa forma, de acerto? A matéria foi enfrentada pelo Tribunal de Justiça de Santa Catarina, que decidiu que tal hipótese não configura restrição legal, mas desatenção: "Nos termos do art. 42 da Lei Complementar nº 123/2006, a comprovação da regularidade fiscal das microempresas e empresas de pequeno porte que participam de licitações públicas somente será exigida na assinatura do contrato, e mesmo que ela tenha débitos tributários pendentes, poderá participar da licitação. Somente a vencedora é que terá que regularizar a sua situação, desde que antes da assinatura do contrato. Este não é o caso dos autos. Veja-se que o artigo menciona um tratamento diferenciado no que tange somente à regularidade fiscal, não se estendendo à apresentação das demais documentações. O mencionado art. 43 autoriza ainda que as microempresas apresentem toda a documentação exigida para efeito de comprovação de regularidade fiscal, mesmo com restrição. O item 6 do Edital diz que os interessados deveriam entregar, no dia marcado, os envelopes com a documentação relativa à habilitação e resposta e as microempresas toda a documentação exigida para efeito de comprovação da regularidade fiscal, mesmo que a documentação apresentada tenha alguma restrição. E, *data venia*, apresentar certidão vencida, estar vencida não é restrição legal, mas desatenção da impetrante que macula sua participação no certame" (TJSC. Agravo de Instrumento nº 2008.074937-1. Rel. Des. José Volpato de Souza).

Evidentemente, sua adoção só é cabível caso se sagrem vencedoras no certame empresas dessa categoria.

O dispositivo prevê o prazo de cinco dias úteis, contado a partir do momento em que a licitante for declarada vencedora da contenda (prorrogável, a critério da Administração, por idêntico período), para regularização da documentação, para pagamento ou parcelamento do débito e para emissão de eventuais certidões negativas ou positivas com efeito de certidão negativa.

Na prática, portanto, findado o certame, e já havendo a declaração de vencedora, caso essa seja uma micro ou pequena empresa, verificar-se-á a sua documentação fiscal e trabalhista. Na ocorrência de defeitos, dar-se-á a suspensão, quando o regime diferenciado autoriza que seja conferido o prazo de cinco dias úteis (que poderá ser prorrogado por idêntico prazo) para regularização.[86] Em outras palavras, facultar-se-á às micro e pequenas empresas a regularização dos defeitos existentes nos documentos fiscais apresentados.

Assim, deduz-se:

a) as micro e pequenas empresas precisarão demonstrar de plano essa qualidade (ou seja, demonstrar, efetivamente, que estão enquadradas nessa categoria de empresa), de modo que possam receber tratamento diferenciado no certame;[87] e

b) nas licitações tradicionais, quando delas participarem micro e pequenas empresas, a fase de habilitação poderá desdobrar-se em dois momentos: o primeiro, na abertura dos envelopes de todos os licitantes; e o segundo, concernente à verificação da documentação fiscal e trabalhista da licitante vencedora, caso a mesma seja micro ou pequena empresa.

Afigura-se que a ocorrência de duplo momento habilitatório será determinante em outros dois momentos para interposição de recursos administrativos.[88]

---

[86] O que Joel de Menezes Niebuhr classificou como "tratamento indulgente". (*Repercussões do estatuto das microempresas e das empresas de pequeno porte em licitação pública*).

[87] Nesse diapasão, Ivan Rigolin e Marco Bottino: "E seja lembrado ainda que em caso de micro ou pequenas empresas participarem da licitação (...) precisarão evidenciar sua qualidade de micro ou pequenas empresas já na sua documentação, ou por algum outro meio, se não for exigida documentação que o informe, porém a tempo de permitir à Administração tratá-las diferencialmente das demais empresas, com os favores do novo estatuto" (*Manual prático das licitações*. 7. ed.).

[88] Da mesma forma, Ivan Rigolin e Marco Bottino alertam para a possibilidade de retardo da contratação: "Sendo dupla a habilitação, em dois momentos diferentes poderá a micro ou a pequena empresa, vencedora, oferecer recurso da inabilitação" (*Manual prático das licitações*. 7. ed.).

Ressaltando que a postergação do momento de comprovação da regularidade gera efeitos interessantes sobre os recursos apresentados, Ronny Charles traz à baila comentários de Marcus Alcântara, com observações sobre algumas peculiaridades causadas por essa regra de beneficiamento, em relação aos recursos:

> Diz a lei que, havendo qualquer irregularidade fiscal, a ME ou EPP terá 5 dias úteis para resolver a sua pendência, começando a contagem do prazo do momento em que o proponente for declarado o vencedor do certame, podendo ser prorrogado por igual período. Ocorre que, na modalidade Pregão, por exemplo, o recurso deve ser apresentado no momento em que for declarado o vencedor do certame. Então, começa a correr o prazo de apresentação do recurso no mesmo momento em que se inicia o prazo para regularização dos documentos de regularidade fiscal. Quando as certidões de regularidade forem apresentadas, já terá se esgotado o prazo para recursos. Não seria exagerado entender que, após a apresentação dos documentos de regularidade pela ME ou EPP, começaria uma nova fase de recurso. Seria um entendimento plausível. Porém, há um interessante detalhe na redação do art. 42. Os documentos de regularidade fiscal deixaram de ser exigidos nas licitações para as ME e EPP. Sendo assim, não cabe recurso quando estes forem apresentados. A fase de recurso contra irregularidade na apresentação de documentos está localizada na licitação. Entretanto, a regularidade fiscal das ME e EPP só se exige para fins de assinatura do contrato, não cabendo assim, apresentação de recurso, posto que se aplica somente nas licitações. Não obstante, caso um concorrente acredite que houve qualquer irregularidade na apresentação da documentação regularizada pela ME ou EPP (não apresentação, concessão de prazo além do legal etc.), poderá ingressar com uma representação na própria Administração.[89]

Sobre a regularidade fiscal, importa salientar que a Nova Lei de Licitações (Lei nº 14.133/2021) estabeleceu novo procedimento para a questão, definindo, no inc. III de seu art. 63, que, na fase de habilitação, *em qualquer caso*, serão exigidos os documentos relativos a tal regularidade somente em momento posterior ao julgamento das propostas, e apenas do licitante mais bem classificado.

Sobre essa demonstração de regularidade fiscal apenas do mais bem classificado, dispusemos:[90]

---

[89] ALCÂNTARA. *Lei Complementar nº 123/2006*: estudo da aplicação dos benefícios nas licitações.
[90] BITTENCOURT. *Nova lei de licitações passo a passo*: comentando artigo por artigo a Nova Lei de Licitações e Contratos Administrativos, Lei nº 14.133, de 1º de abril de 2021.

O inciso repisa regra exitosa da Lei do RDC, dispondo que os documentos afetos à regularidade fiscal serão exigidos em momento posterior ao julgamento das propostas, e apenas em relação ao licitante mais bem classificado.

A intenção é evitar que a licitação seja utilizada como instrumento indireto para a cobrança de tributos, como ocorria nas licitações realizadas com base na Lei nº 8.666/1993, porquanto, como observa Mônica Lefèvre, é inadmissível que essa exigência venha a ser utilizada com finalidade diversa daquela demandada pelos interesses da coletividade, resultando em verdadeira punição para aqueles sujeitos que, ainda que possuam fundamentos para se opor ao cumprimento da suposta obrigação tributária, deixaram de pagar pretensas dívidas.

Também não é nada razoável, como bem obtempera a analista, condicionar a participação do particular na licitação à prova de quitação de todo e qualquer débito fiscal – inclusive aqueles que não possuem qualquer relação com o ramo da atividade a ser executada, uma vez que a CF só admite a imposição de exigências "indispensáveis à garantia do cumprimento das obrigações" (art. 37, XXI): "Não se pode admitir que o licitante seja compelido ao pagamento de créditos fiscais por outro meio que não o da cobrança por via executiva, sob a imposição de condição no seguinte sentido: ou efetua o pagamento do tributo ou não participa do certame. Sob essa ótica, a comprovação da regularidade fiscal apenas após o julgamento das propostas parece permitir o cumprimento da real finalidade da exigência em questão, consubstanciada na verificação da idoneidade do particular que irá contratar com a Administração Pública. Além disso, a regra propicia ao licitante uma oportunidade para que venha a adquirir a regularidade fiscal".[91]

3.2.2 A prorrogação do prazo para suprimento dos defeitos

O §1º indica ainda que a prorrogação de prazo para o suprimento dos defeitos dos documentos de regularidade fiscal por parte das micro ou pequenas empresa será deferida "a critério da Administração".

Tal prescrição afasta qualquer tipo de discricionariedade no ato.

Assim, ocorrendo a solicitação de prorrogação por parte do interessado, prepondera a necessidade de motivação para denegação do pedido.

O Decreto regulamentar anterior (6.204/07) previa que a prorrogação deveria ser sempre concedida, salvo a existência de urgência

---

[91] LEFÈVRE. *O procedimento licitatório e a fase de habilitação no regime diferenciado de contratações públicas*.

na contratação ou prazo insuficiente para o empenho, devidamente justificados (§3º do art. 4º). Contudo, eram insustentáveis as justificativas da ferramenta regulamentar para a não concessão, pois a contratação nunca poderia ser efetuada imediatamente após a apresentação dos documentos, uma vez que, caso a Administração, fundamentada na urgência da contratação (ou sob a justificativa de falta de prazo para emissão da nota de empenho), denegasse o pleito do particular de prorrogação por outros dois dias úteis, teria que promover diversos atos no procedimento, os quais demandariam tempo considerável.

Ora, se não havia proporção entre o prazo para dar continuidade ao procedimento e a ideia de urgência de atendimento (ou a necessidade de emissão da nota de empenho), inexistia sustentabilidade lógica na justificativa. Assim, as duas justificativas elencadas como exceções na ferramenta regulamentar restavam incompatíveis com a não concessão.

Acertando a matéria, o novo regulamento (Decreto nº 8.538/2015) preceitua, no §3º do seu art. 4º, que a prorrogação do prazo será concedida, a critério da Administração, quando requerida pelo licitante, mediante a apresentação de justificativa.

3.2.3 O não suprimento dos defeitos

O §2º prevê que o descumprimento da exigência de regularização da documentação fiscal no prazo fixado demandará a decadência do direito de contratação. A nosso sentir, no entanto, essa parte do texto legal é equivocada, uma vez que inexiste, nesse âmbito, o direito à contratação; mas sim, a expectativa. O regramento é, portanto, de vinculação, isto é, sendo o contrato a consequência lógica da licitação, estará a Administração vinculada ao seu resultado, não adquirindo o vencedor do certame, entrementes, o direito de ser contratado, mas tão somente o de não ser preterido numa possível contratação. Explica-se: o Poder Público pode, em função de fato superveniente, desistir da contratação; todavia, se mantiver a intenção de contratar, só poderá fazê-lo com o adjudicatário.

Ao revés, como a decadência implica na perda de um direito em face do não exercício no prazo legal, infere-se que, ocorrido o fato, dar-se-á a decadência do direito à expectativa mencionada.

Não obstante, independentemente do erro técnico-jurídico do texto legal, foi mantido o objetivo da regra posta, qual seja, o afastamento definitivo do certame do licitante vencedor que não logre êxito na comprovação de regularidade fiscal.

Estabelece, ainda, o parágrafo, quando da não regularização da documentação fiscal, a aplicação ao licitante das sanções previstas no art. 81 da revogada Lei nº 8.666/1993.[92] Tal dispositivo previa que a recusa injustificada do adjudicatário em assinar o acordo ou retirar o instrumento substitutivo do contrato no prazo prescrito tipificaria ato caracterizador de descumprimento total da obrigação assumida, o que sujeitaria o recusante às penalidades legalmente estabelecidas. Com a revogação e a substituição da Lei nº 8.666/1993 pela Lei nº 14.133/2021 (Nova Lei de Licitações e Contratos Administrativos), o regramento sobre o tema passou a ser o preceituado no §5º do art. 90 da Nova Lei, o qual caracteriza a falta da mesma forma (descumprimento total da obrigação assumida), sujeitando o faltante não só às penalidades legalmente estabelecidas, como também à imediata perda da garantia de proposta em favor do órgão ou entidade licitante.[93]

Observamos sobre esse §5º:

> Adjudicatário é aquele a quem é atribuído o objeto da licitação, por tê-la vencido, e, por via de consequência, a quem a Administração outorga o direito de ser contratado para a execução do objeto pretendido. Trata-se de um direito subjetivo, o que permite ao mesmo pleitear judicialmente

---

[92] Vide que o art. 189 da Nova Lei de Licitações (Le nº 14.133/2021) sinaliza a sua aplicação às hipóteses previstas na legislação que façam referência expressa à Lei nº 8.666/1993.

[93] Art. 90. A Administração convocará regularmente o licitante vencedor para assinar o termo de contrato ou para aceitar ou retirar o instrumento equivalente, dentro do prazo e nas condições estabelecidas no edital de licitação, sob pena de decair o direito à contratação, sem prejuízo das sanções previstas nesta Lei.
§1º O prazo de convocação poderá ser prorrogado 1 (uma) vez, por igual período, mediante solicitação da parte durante seu transcurso, devidamente justificada, e desde que o motivo apresentado seja aceito pela Administração.
§2º Será facultado à Administração, quando o convocado não assinar o termo de contrato ou não aceitar ou não retirar o instrumento equivalente no prazo e nas condições estabelecidas, convocar os licitantes remanescentes, na ordem de classificação, para a celebração do contrato nas condições propostas pelo licitante vencedor.
§3º Decorrido o prazo de validade da proposta indicado no edital sem convocação para a contratação, ficarão os licitantes liberados dos compromissos assumidos.
§4º Na hipótese de nenhum dos licitantes aceitar a contratação nos termos do §2º deste artigo, a Administração, observados o valor estimado e sua eventual atualização nos termos do edital, poderá:
I – convocar os licitantes remanescentes para negociação, na ordem de classificação, com vistas à obtenção de preço melhor, mesmo que acima do preço do adjudicatário;
II – adjudicar e celebrar o contrato nas condições ofertadas pelos licitantes remanescentes, atendida a ordem classificatória, quando frustrada a negociação de melhor condição.
§5º A recusa injustificada do adjudicatário em assinar o contrato ou em aceitar ou retirar o instrumento equivalente no prazo estabelecido pela Administração caracterizará o descumprimento total da obrigação assumida e o sujeitará às penalidades legalmente estabelecidas e à imediata perda da garantia de proposta em favor do órgão ou entidade licitante.

a celebração do acordo, caso o Poder Público realmente resolva assiná-lo. A Administração não está obrigada a contratar; todavia, caso o faça, lhe é imposto fazê-lo com o adjudicatário. Por outro lado, o adjudicatário não pode recusar-se a assinar o contrato (ou retirar o instrumento equivalente, isto é, o documento substitutivo que a Administração utilizar, como lhe é facultado em casos especiais), salvo se apresentar justificativa plausível e aceita pela Administração.

Outra hipótese de recusa permitida é a que ocorre se o chamamento para a celebração do contrato ocorrer após o esgotamento do prazo estabelecido no instrumento convocatório para validade de proposta. Entretanto, é bom lembrar, nada impede que o contrato seja celebrado após esse prazo, nas mesmas condições propostas, caso haja a aquiescência do adjudicatário.

A recusa injustificada sujeita o adjudicatário às sanções administrativas previstas (advertência, multa, impedimento de licitar ou contratar e declaração de inidoneidade), independentemente de responsabilização civil ou penal. O tratamento dado ao chamado "adjudicatário faltoso" é exatamente o mesmo que é determinado ao contratado inadimplente.

Ao revés, não se deve confundir as figuras jurídicas que envolvem a hipótese. No caso do adjudicatário faltoso, a punição se dá em função do descumprimento total da obrigação assumida. Com a propositura de preço, participando efetivamente do certame licitatório, o adjudicatário assume um compromisso perante a Administração, qual seja, o de celebrar o contrato na forma proposta. Não atendendo ao chamado, frustra o objetivo da licitação e origina situação danosa para a Administração. A proposta apresentada caracteriza-se como uma responsabilidade pré-contratual, passível, nos termos da lei, de sanção por descumprimento. Já o "contratado inadimplente" deverá ser punido em função do não atendimento do compromisso contratual assumido. É de se alertar para dois aspectos de vital importância: a) a sanção pecuniária (multa) só poderá ser aplicada se no instrumento convocatório constar, de forma explícita, essa possibilidade, com indicação precisa do percentual sobre o valor proposto; e b) a Administração não pode relevar aplicação da penalização, por não ser lícito ao administrador público abrir mão de direito do Estado.[94]

No caso, vislumbra-se um equívoco do legislador, pois faz menção à disposição legal que trata de assunto diverso: na Lei Complementar, a matéria é de não regularização de documentação, atinente, portanto, à classificação (ainda que a Lei o tenha deslocado para momento posterior ao da adjudicação); no art. 81 da Lei nº 8.666/1993 (e no §5º do art. 90 da Lei nº 14.133/2021), a regra circunscreve a recusa

---

[94] BITTENCOURT. *Nova lei de licitações passo a passo*: comentando artigo por artigo a Nova Lei de Licitações e Contratos Administrativos, Lei nº 14.133, de 1º de abril de 2021.

injustificada de celebração contratual, quando o adjudicatário estará sujeito às sanções administrativas.[95]

De todo modo, caso prospere o entendimento de que a regra permite o sancionamento, é certo, como obtemperaram Aline Câmara e Leonardo Ribeiro, que as sanções terão que estar necessariamente relacionadas à má-fé da licitante vencedora, pois sua boa-fé em obter a regularização poderia esbarrar na morosidade burocrática da máquina pública.[96]

Por fim, a norma informa que a não regularização em tempo hábil[97] faculta à autoridade administrativa convocar os licitantes remanescentes, na ordem de classificação, na tentativa de celebração do acordo pretendido.

3.2.4 O marco inicial para a contagem do prazo para regularização da documentação fiscal

O §1º do art. 43 da LC nº 123/06 (com redação dada pela LC nº 155/2016), sinaliza o prazo de cinco dias úteis para regularização da

---

[95] No mesmo diapasão, Ivan Rigolin: "Não se concebe estabelecer alguma penalidade à micro ou à pequena empresa que, vencedora, deixar de apresentar a habilitação fiscal exigida (...). O art. 81 da Lei de Licitações se refere ao vencedor que deixa de comparecer para contratar, quando ainda está válida a sua proposta. Não tem sentido aplicar esse mesmo rigor a quem simplesmente não consegue se habilitar" (*Micro e pequenas empresas em licitação*: a LC nº 123, de 14.12.2006: comentários aos arts. 42 a 49).
Ronny Charles concorda em parte, pois tende a aceitar o sancionamento: "Acreditamos que, em tese, seria possível que o legislador indicasse a aplicação de determinadas penas que a Lei nº 8.666/1993 estipulasse, mesmo tratando-se de situações diferentes. (...) Este dispositivo indica a aplicação das penas previstas no art. 81 do estatuto licitatório. Ocorre que não há previsão de qualquer pena naquele dispositivo. (...) ele apenas caracteriza ou qualifica a recusa injustificada do adjudicatário em assinar o contrato, como descumprimento total da obrigação assumida" (*Leis de licitações públicas comentadas*. 2. ed.).
Rachel de Souza considera que a LC aponta efetivamente para o possível sancionamento: "É importante ressaltar que a não regularização da documentação fiscal da ME ou EPP vencedora enseja dois efeitos: a) decadência do direito à contratação; b) descumprimento total da obrigação, possibilitando a aplicação das respectivas sanções do art. 81 da Lei nº 8.666/1993 (art. 43, §2º)" (*Supersimples*: desvendando a Lei Complementar nº 123/2006).

[96] Considerando que a aplicação de sanção na hipótese constituiria tratamento correto, Anacleto Santos, também sublinhando que o princípio da boa-fé deve nortear a questão, dispõe que é "justo, portanto, que aquele licitante que se aproveitou indevidamente de uma prerrogativa legal seja penalizado" (*Licitações e o estatuto da microempresa e empresa de pequeno porte*).

[97] Jonas Lima comenta o assunto: "(...) caso (...) não se justifique muito bem sobre o porquê de não ter regularizado seus documentos no prazo estabelecido (...) ela poderá sofrer sanção. E uma vez inserido determinado registro de sanção, por exemplo, no SICAF, todas as atividades da empresa perante órgãos governamentais (...) poderão estar prejudicadas" (*Lei Complementar nº 123/06*: aplicações).

documentação, pagamento ou parcelamento do débito e emissão de eventuais certidões negativas ou positivas com efeito de certidão negativa, estabelecendo como termo inicial o momento em que o proponente for declarado vencedor do certame. O §1º do art. 4º do Decreto regulamentar nº 8.538/2015 (alterado pelo Decreto nº 10273/2020) repete o texto da LC. O §2º, para aplicação do disposto neste §1º, prevê que o prazo para regularização fiscal será contado a partir: a) da divulgação do resultado da fase de habilitação, na licitação na modalidade pregão e nas regidas pelo Regime Diferenciado de Contratações Públicas sem inversão de fases; ou b) da divulgação do resultado do julgamento das propostas, nas modalidades de licitação previstas na Lei nº 8.666/1993, e nas regidas pelo Regime Diferenciado de Contratações Públicas com a inversão de fases.

Assim, mesmo com o advento da Nova Lei de Licitações (Lei nº 14.133/2021), o dispositivo regulamentar, com as devidas adaptações, esclarece a questão.

ART. 44 DA LC Nº 123/06

Art. 44. Nas licitações será assegurada, como critério de desempate, preferência de contratação para as microempresas e empresas de pequeno porte.

§1º Entende-se por empate aquelas situações em que as propostas apresentadas pelas microempresas e empresas de pequeno porte sejam iguais ou até 10% (dez por cento) superiores à proposta mais bem classificada.

§2º Na modalidade de pregão, o intervalo percentual estabelecido no §1º deste artigo será de até 5% (cinco por cento) superior ao melhor preço.

4 Novo critério de desempate nas licitações

O art. 44 estabelece um novo critério de desempate nas licitações públicas, independentemente da modalidade adotada, quando delas participarem micro e/ou pequenas empresas, assegurando a preferência de contratação dessas empresas, caso resultem empatadas com licitante que não se enquadre em tal categoria empresarial.

No art. 60, a Nova Lei de Licitações – Lei nº 14.133/2021 – trata dos critérios de desempate no caso de empate entre duas ou mais propostas, dispondo a seguinte ordem:

a) disputa final, hipótese em que os licitantes empatados poderão apresentar nova proposta em ato contínuo à classificação;
b) avaliação do desempenho contratual prévio dos licitantes, para a qual deverão preferencialmente ser utilizados registros cadastrais para efeito de atesto de cumprimento de obrigações previstas na lei;
c) desenvolvimento pelo licitante de ações de equidade entre homens e mulheres no ambiente de trabalho, conforme regulamento; e
d) desenvolvimento pelo licitante de programa de integridade, conforme orientações dos órgãos de controle.

Segundo o §1º, em igualdade de condições, se não houver desempate, será assegurada preferência, sucessivamente, aos bens e serviços produzidos ou prestados por:

a) empresas estabelecidas no território do Estado ou do Distrito Federal do órgão ou entidade da Administração Pública estadual ou distrital licitante ou, no caso de licitação realizada

por órgão ou entidade de Município, no território do Estado em que este se localize;
b) empresas brasileiras;
c) empresas que invistam em pesquisa e no desenvolvimento de tecnologia no País; e
d) empresas que comprovem a prática de mitigação, nos termos da Lei nº 12.187, de 29.12.2009 (Lei que institui a Política Nacional sobre Mudança do Clima – PNMC).

Não obstante, o diploma traz uma ressalva importante no §2º: as regras previstas no dispositivo, que configuram normas gerais, não prejudicarão a aplicação do disposto no art. 44 da LC nº 123/06.

Em outras palavras, os referidos critérios da Lei nº 14.133/2021 não entravarão a aplicação inicial do critério de desempate disposto no citado art. 44, que oferece preferência de contratação para as microempresas e empresas de pequeno porte, uma vez que a regra da LC se configura como especial.

Assim, caberá verificar se cabe a aplicação da regra especial antes de cogitar do uso das normas gerais.

4.1 O empate ficto

O §1º, numa verdadeira ficção jurídica, reputa como empatadas as propostas de preço das micro e pequenas empresas que forem iguais ou até 10% superiores à proposição melhor classificada.[98]

Isso nas licitações tradicionais, pois no pregão, o §2º reduz esse percentual para 5%.[99] [100]

---

[98] Jonas Lima relembra que a lei americana de apoio à pequena empresa (Small Business Act – *Public Law* 83-163, 67 Stat. 232) há tempos estabelece a preferência para a proposta de uma pequena empresa que esteja a não mais que 10% acima da proposição oferecida por outra empresa não amparada por aquela lei específica (*Lei Complementar nº 123/06*: aplicações).

[99] Flávio Amaral Garcia rechaça o entendimento de parte da doutrina no sentido de que a regra estaria desatendendo o princípio da competitividade: "Registre-se, por oportuno, que o princípio da competitividade estará sendo atendido, pois, no caso de micro ou empresa de pequeno porte formular proposta menor, já estará a Administração Pública desembolsando menos recursos orçamentários, o que atenderá, a um só tempo, aos princípios da competitividade e economicidade (art. 70, da CF). O que não pode é o princípio da competitividade se tornar o fundamento valorativo da LC nº 123/06, pois estar-se-ia desvirtuando da premissa constitucional que orienta a interpretação da norma" (Parecer nº 09/07 – FAG, exarado na Procuradoria-Geral do Estado do Rio de Janeiro, 2007).

[100] Buscando a justificativa para a redução de patamar no pregão, Jonas Lima avalia que o legislador considerou a grande redução de preços que normalmente decorre da acirrada

É importante atentar que, nas licitações com fase de lances, a melhor proposta apresentada será aquela que resultar de tal etapa. Assim, somente ao fim da fase é que serão identificados os licitantes enquadrados como microempresas ou pequenas empresas que restaram inseridos nesse percentual de diferença.[101] Impende também frisar que o mecanismo não determina a contratação da micro ou pequena empresa cuja proposta se adequa no limite especificado, mas tão somente a preferência de contratação, caso seja apresentada proposta mais vantajosa para a Administração, conforme exposto no art. 45 (a cujos comentários remetemos o leitor),[102] ou seja, não se trata de indicação de que, ocorrendo o empate, será reputada vencedora a proposta da licitante enquadrada como tal.[103]

---

disputa de lances: "Imagina-se que, depois de tantos lances sucessivos, já resta muito pouco a ser 'cortado' pelo empresário em proposta final" (*Lei Complementar nº 123/06*: aplicações).

[101] O texto legal dá margem a tantas dúvidas que, avaliando a situação, Ivan Rigolin entendeu de forma diversa, concluindo, perplexo, "que não se pode atinar o motivo do legislador neste momento do estatuto das micro e das pequenas empresas, uma vez que todas as propostas com valor superior em até 10% da de menor valor já passam naturalmente à fase de lances (...), daí parecer absolutamente inútil o §2º deste art. 44" (RIGOLIN; BOTTINO. *Manual prático das licitações*. 7. ed.).

[102] Há entendimentos minoritários na doutrina concluindo pela inconstitucionalidade do regramento. Bernardo Strobel Guimarães obtempera: "Com respeito daqueles que entendem em sentido diverso, a existência de uma posição favorecida incapaz de ser atingida pelos licitantes que não se enquadram como empresas de pequeno porte, instalada na fase final da licitação, frustra a diretriz do art. 37, inciso XXI, da Constituição, que exige que a licitação 'assegure igualdade de condições a todos os concorrentes'. Ou seja: a solução consagrada (...) relativa à preferência no empate, é inconstitucional – em ofensa à isonomia essencial à competitividade nas contratações públicas. Não bastasse tanto, a inconstitucionalidade (...) deriva também do desrespeito aos meios previstos pelo art. 179 da Constituição para que o tratamento favorecido seja implementado em favor das empresas de pequeno porte. Por um lado, o benefício não caracteriza qualquer simplificação ou redução de obrigações de índole administrativa impostas às empresas de pequeno porte. As referidas regras estabelecem um simples privilégio, que nada tem a ver com a simplificação ou redução das rotinas relativas às empresas de pequeno porte. Por outro, a instituição do benefício se dá em detrimento de empresas comuns que têm sua esfera jurídica angustiada, caracterizando-se, portanto, uma indevida transferência de ônus do Estado para os particulares (...) o art. 179 da Constituição é claro ao impor apenas ao Poder Público os ônus decorrentes do tratamento favorecido às pequenas empresas" (*O estatuto das empresas de pequeno porte e os benefícios em matéria de licitação*: uma proposta de avaliação de sua constitucionalidade).

[103] Já se tem conhecimento – e isso já é voz corrente no meio jurídico-licitatório, conforme constatamos em eventos que participamos como professor ou palestrante – que um dos expedientes adotados para burla da competição por empresas não enquadradas na categoria, quando as licitações transcorrem tão somente com base nas regras da LC nº 123/06, é a manutenção de lances em valores sempre acima da diferença de 5% em relação aos licitantes micro ou pequenas empresas. Dessa maneira, tais empresas buscam não permitir a ocorrência do empate ficto.

Para a configuração de ilicitude, basta a utilização indevida do benefício de empate ficto, independentemente da efetivação da contratação. Nesse sentido, tem se manifestado o Tribunal de Contas da União (TCU), conforme se extrai de informativo específico da Corte:

> Por meio de processo de representação, o TCU identificou no Sistema Integrado de Administração de Serviços Gerais – (SIASG) e no Portal de Compras do Governo Federal – (Comprasnet) que diversas empresas de pequeno porte e microempresas teriam se utilizado indevidamente do benefício do critério preferencial de desempate em licitações públicas, fixado pelo art. 44 da LC nº 123/2006, dado que apresentavam receita bruta anual superior ao permitido em lei para o enquadramento em tal categoria. Ao averiguar os fatos, a unidade técnica responsável pelo feito apontou que uma dessas empresas apresentou faturamento superior ao máximo permitido em lei para enquadramento como ME ou EPP por três anos seguidos, utilizando-se do benefício da preferência de desempate em 85 oportunidades. Em sua oitiva, a empresa beneficiada alegou, dentre outros argumentos, que não fora demonstrado, nos autos, a utilização efetiva do benefício do lance de desempate, "uma vez que não constam informações de contratações entabuladas pela empresa". Consoante o relator, todavia, "a sociedade empresária lançou mão do privilégio de desempate em 85 (oitenta e cinco) oportunidades, tendo sido identificados 4 (quatro) certames em que a empresa se utilizou do lance de desempate para vencer o torneio licitatório, o que indica fraude à licitação, nos termos do art. 90 da Lei nº 8.666/1993". Além disso, ainda para o relator, "a concretização de avenças ulteriores decorrentes das disputas é irrelevante, pois basta verificar a ocorrência de utilização indevida do benefício preferencial do empate, haja vista que a empresa usou a benesse legal para sagrar-se vencedora de certames públicos, para fins de configuração da ilicitude em exame". Por conseguinte, propôs, e o Tribunal acolheu, que a empresa que utilizou indevidamente o benefício do desempate fosse declarada inidônea para participar de licitação na Administração Pública Federal pelo prazo de um ano, ante a conduta fraudulenta percebida. (Acórdão nº 2101/2011, TC-019.543/2010-7, Rel. Min.-Subst. Marcos Bemquerer Costa, 10.08.2011).

4.2 Tipos (critérios) licitatórios aplicáveis

A LC nº 123/06 não faz menção a tipos (critérios) licitatórios para adoção da regra de preferência, o que, numa primeira leitura, faz crer que não haveria restrição para a aplicação aos existentes (menor preço, maior desconto, melhor técnica ou conteúdo artístico, técnica e preço, maior lance, ou maior retorno econômico).

Todavia, avaliando-se, com mais cautela o regramento, verificar-se-á que a aplicação estaria restrita ao tipo "menor preço", uma vez que, nos certames dos tipos "melhor técnica" ou "técnica e preço", afigurar-se-ia total incompatibilidade, diante das formas próprias desses tipos, que exigem avaliação técnica e econômica diferenciadas. Quanto ao uso no tipo "maior lance", é patente a impossibilidade, porquanto, nessa forma, a Administração aliena em vez de adquirir.

Berloffa, Casquel e Vianna possuem a mesma ótica:

> Entendemos que, em que pese a possibilidade lógica de aplicação de empate ficto para licitações regidas pelo julgamento por melhor técnica ou melhor técnica e preço, fazê-lo é, antes de tudo, ferir o princípio do procedimento formal e, no mínimo, um grande risco de sucesso ao certame; motivo pelo qual reconhecemos a possibilidade legal de aplicação apenas para os julgamentos baseados no menor valor, menor lance ou maior lance, em que os critérios são única e eminentemente financeiros.[104]

Da mesma forma, Jacoby Fernandes:

> As licitações do tipo "melhor técnica" não se aproveitam ao direito de preferência concedido em favor das MEs e EPPs, pela LC nº 123/2006. A regra inserta no inc. I do art. 45 da LC nº 123/2006 deixa claro que a preferência outorgada é restrita ao aspecto do preço, não havendo previsão de critério de avaliação técnica para a classificação da proposta vencedora. Ademais, os procedimentos adotados nas licitações do tipo "melhor técnica" (...) impõem que as propostas de preços dos licitantes só sejam avaliadas após a classificação das propostas técnicas. Esse procedimento não se coaduna com o prescrito pela LC nº 123/2006, segundo o qual a redução do preço por parte da ME ou EPP mais bem classificada é o bastante para declarar a proposta vencedora. Desse modo, a melhor interpretação há que considerar que o direito de preferência imposto pela LC nº 123/2006 não se aplica às licitações do tipo "melhor técnica".[105]

E Justen Filho:

> As licitações de técnica (técnica e preço e melhor técnica), em que a identificação da proposta mais vantajosa depende da conjugação de critérios econômicos e técnicos, apresentam sistemática incompatível com as regras simplistas dos arts. 44 e 45 da LC nº 123.[106]

---

[104] BERLOFFA; CASQUEL; VIANNA. *Licitação com micros e pequenas empresas.*
[105] FERNANDES. *O Estatuto Nacional da Microempresa e Empresa de Pequeno Porte, a Lei de Licitações e Contratos e a Lei do Pregão.*
[106] JUSTEN FILHO. *O Estatuto da Microempresa e as licitações públicas.*

A antiga regulamentação federal (Decreto nº 6.204/07) acatava essa linha de entendimento, restringindo a preferência no procedimento de desempate ficto às competições licitatórias do tipo menor preço (art. 5º). Entrementes, o posterior Decreto federal nº 8.538/2015 admitiu que, nas licitações do tipo técnica e preço, o empate possa ser "aferido levando em consideração o resultado da ponderação entre a técnica e o preço na proposta apresentada pelos licitantes, sendo facultada à microempresa ou empresa de pequeno porte melhor classificada a possibilidade de apresentar proposta de preço inferior". Curiosamente, contudo, o dispositivo remete a matéria à nova regulamentação.

> Art. 5º Nas licitações, será assegurada, como critério de desempate, preferência de contratação para as microempresas e empresas de pequeno porte.
>
> (...)
>
> §8º Nas licitações do tipo técnica e preço, o empate será aferido levando em consideração o resultado da ponderação entre a técnica e o preço na proposta apresentada pelos licitantes, sendo facultada à microempresa ou empresa de pequeno porte melhor classificada a possibilidade de apresentar proposta de preço inferior, nos termos do regulamento.

ART. 45 DA LC Nº 123/06

Art. 45. Para efeito do disposto no art. 44 desta Lei Complementar, ocorrendo o empate, proceder-se-á da seguinte forma:
I – a microempresa ou empresa de pequeno porte mais bem classificada poderá apresentar proposta de preço inferior àquela considerada vencedora do certame, situação em que será adjudicado em seu favor o objeto licitado;
II – não ocorrendo a contratação da microempresa ou empresa de pequeno porte, na forma do inciso I do caput deste artigo, serão convocadas as remanescentes que porventura se enquadrem na hipótese dos §§1º e 2º do art. 44 desta Lei Complementar, na ordem classificatória, para o exercício do mesmo direito;
III – no caso de equivalência dos valores apresentados pelas microempresas e empresas de pequeno porte que se encontrem nos intervalos estabelecidos nos §§1º e 2º do art. 44 desta Lei Complementar, será realizado sorteio entre elas para que se identifique aquela que primeiro poderá apresentar melhor oferta.
§1º Na hipótese da não-contratação nos termos previstos no caput deste artigo, o objeto licitado será adjudicado em favor da proposta originalmente vencedora do certame.
§2º O disposto neste artigo somente se aplicará quando a melhor oferta inicial não tiver sido apresentada por microempresa ou empresa de pequeno porte.
§3º No caso de pregão, a microempresa ou empresa de pequeno porte mais bem classificada será convocada para apresentar nova proposta no prazo máximo de 5 (cinco) minutos após o encerramento dos lances, sob pena de preclusão.

5 Procedimentos para o desempate

O dispositivo define, nos termos do artigo anterior, os caminhos a serem tomados na ocorrência de empate.

Impende frisar, de plano, que todas as disposições deste artigo só terão aplicação quando a melhor oferta inicial não for de micro ou pequena empresa, conforme prevê seu §2º, porquanto, caso a primeira classificada tenha sido apresentada por empresas dessas categorias, será a vencedora da competição licitatória, cessando-se a competição.

Os procedimentos para desempate, na prática, serão:
a) as propostas deverão ser apreciadas com fulcro no solicitado no edital, classificando-se em primeiro lugar a de valor inferior;
b) caso duas ou mais propostas alcancem o primeiro lugar, verificar-se-á:

b.1) se apenas uma for micro ou pequena empresa, essa terá a preferência na contratação, caso ofereça proposição com valor inferior a originariamente proposta (inciso I);[107]

b.2) se apresentadas por duas ou mais micro ou pequenas empresas, em conjunto com uma ou mais empresas comuns (caracterizando a equivalência que a Lei dispôs no §1º do art. 44), a solução para desempate será o sorteio entre as micro e pequenas empresas. A sorteada, então, terá que oferecer proposição com valor inferior à originariamente proposta (inciso III);

b.3) se a proposta classificada em primeiro lugar não for de micro ou pequena empresa, e houver proposições de empresas dessa categoria com valores até 10% maior que essa, as mesmas serão perfiladas em ordenamento crescente de valor, tendo a primeira colocada desse elenco o direito de propor um preço inferior àquela que tenha conseguido o primeiro lugar inicialmente. Na hipótese desse procedimento não lograr êxito (porque a licitante não apresentou proposta inferior ou, mesmo que tenha apresentado, não venha a ser contratada por outro fator), será providenciada a convocação das remanescentes desse rol para o exercício da mesma faculdade (inciso II). Conforme pondera Ronny Charles,[108] o inc. II não deixa claro se seria permitido que entre as remanescentes, mesmo que a primeira delas conseguisse apresentar preço inferior àquele proposto pela empresa outrora considerada vencedora, seria aberta a possibilidade de que as posteriormente classificadas apresentassem preço ainda inferior, criando uma espécie de etapa de lances entre aquelas enquadradas nos §§1º e 2º do art. 44. Contudo, como bem obtempera o analista, parece evidente que não foi essa a intenção do legislador, devendo tal faculdade ser oferecida sequencialmente, na ordem classificatória, exaurindo-se tal possibilidade às demais, tão logo uma delas consiga apresentar proposta inferior à outrora vencedora.[109]

---

[107] Alerta-se que se trata de uma faculdade que a LC nº 123/06 confere ("será assegurado, como critério de desempate") e não um dever, podendo o licitante micro ou pequena empresa usar ou não o benefício.

[108] TORRES. *Lei de licitações públicas comentadas*. 12. ed.

[109] Conforme anota o jurista, esse pensamento é reforçado pela determinação do inc. III, ao estipular que no caso de equivalência dos valores apresentados pelas microempresas e

Caso só exista uma licitante micro ou pequena empresa com proposição até 10% maior que a primeira classificada, somente essa terá o direito de ofertar nova proposta de valor inferior à primeira classificada originalmente;

b.4) se as licitantes micro ou pequenas empresas, ainda que empatadas com a classificada com a melhor proposta inicial (não sendo essa, obviamente, micro ou pequena empresa), não exercerem a faculdade de oferecimento de proposição inferior, ou, mesmo que ofereçam, não venham a ser contratadas por qualquer motivo jurídico, o objeto licitado será adjudicado em favor da proposta originalmente vencedora da competição (§1º);

b.5) se a licitação for na modalidade pregão, diferentemente dos procedimentos das licitações tradicionais, para os quais a LC não disciplina o prazo (nem a forma) para nova propositura, reza o §3º que a micro ou pequena empresa melhor classificada será convocada para apresentar nova proposta, no prazo máximo de cinco minutos, após o encerramento dos lances (*vide* comentários sobre essa questão temporal apresentados em tópico subsequente).[110]

Por considerar o regramento "uma infâmia", Ivan Rigolin chega a recomendar – com indignação justificável –, que a Administração simplesmente o ignore (assim como o §1º), "pois que há milênios e desde sempre *ad impossibilia memo tenetur*, ou seja, ninguém está obrigado ao impossível", elencando diversas indagações que justificam o seu aconselhamento.[111]

Contudo, como já obtemperamos anteriormente, há de se buscar lógica no texto legal para a aplicação.

Assim, assentando-se nas lições de Cintra do Amaral – "o intérprete de uma norma jurídica deve buscar o seu sentido, sem se ater à literalidade do texto"[112] –, tentar-se-á extrair da infeliz redação um sentido que tenha conexão lógica com o disciplinamento licitatório

---

empresas de pequeno porte que se encontrem nos intervalos estabelecidos pelos parágrafos 1º e 2º do art. 44, deverá ser realizado sorteio entre elas para identificar aquela que primeiro poderá apresentar melhor oferta.

[110] Como no pregão há a inversão das fases de habilitação e classificação, haverá ainda a submissão à apreciação habilitatória.

[111] RIGOLIN. *Micro e pequenas empresas em licitação*: a LC nº 123, de 14.12.2006: comentários aos arts. 42 a 49.

[112] AMARAL. *A interpretação literal das normas jurídicas*.

vigente, já que, conforme o magistério de Carlos Maximiliano, "na dúvida entre a letra e o espírito, prevalece o último".[113]

A nosso ver, como já anotado anteriormente, sendo o certame na modalidade pregão, a regra disposta não tem nenhuma incidência sobre as propostas, incidindo sim na etapa de lances. Posteriormente, há que se admitir – respeitadas as devidas adaptações, em face de se tratar de certame licitatório diferenciado (notadamente na hipótese de pregão eletrônico) – que o procedimento deve ser o mesmo para todas as modalidades, ou, se impossível, guardar semelhança e coerência.

5.1 O lapso temporal para oferecimento de nova proposta no pregão e nas demais modalidades

O §3º disciplinou o aspecto temporal no que concerne às licitações na modalidade pregão, prescrevendo a fixação do prazo de cinco minutos para o exercício da faculdade de melhoria da proposta pela micro ou pequena empresa, valendo tanto para o pregão comum quanto para o eletrônico.

Impende esclarecer que a fixação desse prazo após o encerramento da fase de lances, para que a micro ou pequena empresa mais bem classificada ofereça nova proposta, não determina, de forma alguma, que o marco inicial dessa contagem de prazo será exatamente após esse ato.

Na verdade, prescreve o dispositivo que, findada a fase de lances e providenciados os devidos atos posteriores (identificação do empate, consoante o indicado no art. 44, §2º; asseguramento de proposição válida, qual seja, de sua exequibilidade; outros atos possíveis, dependendo do caso em si; e, por fim, a intimação da microempresa ou pequena empresa no sentido de apresentar nova proposta), é que o pregoeiro determinará o início da contagem.[114]

---

[113] MAXIMILIANO. *Hermenêutica e aplicação do direito*. 6. ed.
[114] Também se verificou dúvidas quanto ao destinatário do prazo: (a) o pregoeiro, para convocação da micro; ou (b) a pequena empresa ou a micro ou pequena empresa, para apresentação de nova proposta? O TRF 4ª Região enfrentou a questão, concluindo, avocando o antigo decreto federal regulamentar, que a lei se refere à micro ou pequena empresa: "10. (...) a análise do item b), que diz respeito à oferta de oportunização à impetrante para apresentar proposta inferior prevista em lei àquela declarada vencedora. Da sentença: 'De igual sorte, verifico do documento de fls. 145/151 que não foi observado no pregão ora impugnado o disposto no item 3.5.11 do edital, segundo o qual, a microempresa ou empresa de pequeno porte mais bem classificada será convocada para apresentar nova proposta no prazo máximo de 5 (cinco) minutos após o encerramento dos lances, sob pena de preclusão'. 11. No entanto, tal juízo, de mesma forma que o anterior, não se encontra procedente.

Como não há regra específica sobre o prazo relativamente às demais modalidades licitatórias, caberá ao instrumento convocatório disciplinar a questão, considerando, é claro, a complexidade do objeto pretendido, a qual influenciará nos cálculos para a redução do valor proposto. Essa, inclusive, é a solução do regulamento federal (Decreto nº 8.538/2015), conforme disposto no §7º do art. 5º.[115]

5.2 A questão da licitante "mais bem classificada"

Quando a LC nº 123 faz menção à micro ou pequena empresa "mais bem classificada", certamente está se reportando à microempresa ou pequena empresa que, após a fase de lances, esteja num patamar de preço que a coloque em situação de desempate com uma empresa comum detentora do melhor lance até então.

É importante frisar que somente a melhor proposta (melhor lance), dentre as oferecidas pelas micro ou pequenas empresas, é que será alcançada pelo conceito de "mais bem classificada", ainda que existam outros lances dentro da margem de 5%. A possibilidade de outra microempresa ou pequena empresa apresentar lance nessas características só ocorrerá se a melhor colocada não o fizer.

Verdadeiramente, a nova proposta se configura, pelos termos da regra, num novo lance, uma vez que sua ocorrência dar-se-á após a finalização dessa fase. Assim, essa nova proposição deverá ser na forma do lance.

---

[115] Primeiramente cabe salientar que o art. 45, §3º, II da LC nº 123 possui dúbia interpretação de que são alternativas as seguintes: a) o prazo de cinco minutos se refere ao pregoeiro, para convocar a EPP/ME ou b) o prazo de cinco minutos se refere à EPP/ME para apresentar sua nova proposta. A interpretação dada pela impetrante e acolhida pelo juízo *a quo* deu-se da primeira forma, como se infere da sentença: 'Como se vê, o pregoeiro passou para o exame da proposta classificada em primeiro lugar, nos termos a que alude o art. 25 do Decreto nº 5.450/2005, sem observar o disposto no §3º do art. 45 da LC nº 123/2006, segundo o qual, cinco minutos após o encerramento dos lances deve a microempresa ou empresa de pequeno porte mais bem classificada ser convocada para apresentar nova proposta'. No entanto, tal interpretação incide em erro. Em vista da dubiedade interpretativa, o Decreto nº 6.204/2007, regulamentando a LC nº 123, dirimiu qualquer dúvida na interpretação do aludido dispositivo, ao dispor em seu 5º, §6º: 'No caso do pregão, após o encerramento dos lances, a microempresa ou empresa de pequeno porte melhor classificada será convocada para apresentar nova proposta no prazo de cinco minutos por item em situação de empate, sob pena de preclusão'" (TRF 4ª Região. Apelação/Reexame Necessário nº 2008.72.06.001244-9/SC. Rel. Juiz Alexandre Gonçalves Lippel).

[115] "§7º Nas demais modalidades de licitação, o prazo para os licitantes apresentarem nova proposta será estabelecido pelo órgão ou pela entidade contratante e estará previsto no instrumento convocatório".

Evidentemente, a LC não prevê regramento para o desempate quando as propostas vencedoras forem de micro ou pequenas empresas: diante da igualdade de condições, não haveria sentido na adoção da faculdade. Tem sido afirmado que, nesses casos, a solução seria o mero sorteio, sendo essa a solução adotada pelo diploma regulamentar federal (Decreto nº 8.538/2015).[116]

Já na hipótese de pregão – no qual prevalece o princípio da anterioridade –, o licitante que tenha formulado o lance com antecedência deverá ter a preferência. Foi essa, inclusive, a solução do regulamento federal, consoante o preconizado no §5º do art. 5º: "Não se aplica o sorteio a que se refere o inciso III do §4º quando, por sua natureza, o procedimento não admitir o empate real, como acontece na fase de lances do pregão, em que os lances equivalentes não são considerados iguais, sendo classificados de acordo com a ordem de apresentação pelos licitantes".

5.3 A ausência do representante legal da licitante para exercício do direito de preferência

Da mesma forma que é totalmente descabida a exigência de representante legal das licitantes na sessão pública da licitação, por afrontar o princípio da competitividade, em geral, não está o Poder Público autorizado a exigir a presença do representante da licitante micro ou pequena empresa para o exercício do direito de preferência contemplado pela LC nº 123/06.

Assim, nas modalidades tradicionais de licitação, tendo a micro ou pequena empresa empatado com uma empresa que não seja dessa espécie – e não possuindo representante legal no momento da sessão específica –, obrigar-se-á a Administração a convocá-las para exercer tal direito.

Esse raciocínio, entretanto, não é adotável na licitação na modalidade pregão, pois, no que concerne aos benefícios previstos na LC nº 123/06, afigura-se inviabilidade de aplicação, uma vez que o §3º do art. 45 determina que a nova proposta deverá ser oferecida no prazo de 5 minutos após o encerramento da fase de lances. Assim, em nossa ótica,

---

[116] "Art. 5º Nas licitações, será assegurada, como critério de desempate, preferência de contratação para as microempresas e empresas de pequeno porte. (...)
Inc. III. No caso de equivalência dos valores apresentados pelas microempresas e empresas de pequeno porte que se encontrem em situação de empate, será realizado sorteio entre elas para que se identifique aquela que primeiro poderá apresentar melhor oferta.

muito embora não se possa exigir a presença do licitante na sessão, este deverá assumir o risco de sua ausência.

Anacleto Santos também alude dessa forma:

> Nos pregões a solução é diversa. (...) Entender pela necessidade de intimação pessoal dos licitantes ausentes para exercer o direito de preferência implica violar os princípios estruturais dessa modalidade de licitação. Portanto, a ausência de representante legal do licitante no pregão impossibilita o exercício do direito de preferência.[117]

---

[117] SANTOS. *Licitações e o estatuto da microempresa e empresa de pequeno porte.*

ART. 46 DA LC Nº 123/06

Art. 46. A microempresa e a empresa de pequeno porte titular de direitos creditórios decorrentes de empenhos liquidados por órgãos e entidades da União, Estados, Distrito Federal e Município não pagos em até 30 (trinta) dias contados da data de liquidação poderão emitir cédula de crédito microempresarial.

6 A criação de novo título de crédito no ordenamento jurídico brasileiro

O art. 46 trouxe ao ordenamento jurídico pátrio um novo título de crédito, denominado "cédula de crédito empresarial",[118] que poderá ser emitido por microempresa ou por pequena empresa titular de créditos decorrentes de empenhos emitidos e liquidados (mas não pagos) por órgãos da Administração de qualquer ente federativo, em 30 dias, contados a partir da data da liquidação.

Certamente, o que motivou a criação desse título de crédito foi a notória fama de má pagadora adquirida pela Administração Pública ao longo do tempo, desonrando, com certa constância, suas obrigações de pagamento nas datas aprazadas, causando com isso inúmeros transtornos para os que nela confiaram, submetendo-se, inclusive, a um regime jurídico que afasta, em certos pontos, a aplicação daquele do regime geral das obrigações e contratos.[119]

---

[118] Essa cédula de crédito deverá ter como parâmetro as cédulas de crédito comercial, regidas pela Lei nº 6.840/80 e pelo Decreto-Lei nº 413/69.

[119] A malversação do dinheiro público desencadeou o indignado desabafo do jurista e Advogado da União Ronny Charles: "É cediço que muitas unidades administrativas desrespeitam totalmente os credores, quando da liberação de pagamentos a fornecedores e prestadores de serviço, preterindo obrigações mais antigas em favor daquelas contraídas em período mais recente, por particulares 'mais próximos' ao núcleo daquele Poder. Essa prática é odiosa e fomenta a corrupção, subvertendo a moralidade administrativa. Por pior que pareça, tais atitudes são comuns em muitos órgãos, administrados por gestores que, em virtude de uma mentalidade pequena e provinciana, tratam o erário como coisa própria, arvorando-se na condição de autoridade e nas prerrogativas que a Fazenda tem enquanto devedora, como a possibilidade de pagar as obrigações reconhecidas pela Justiça através de intermináveis precatórios. Não são poucos os empresários, de pequeno porte ou não, que se queixam das dificuldades em receber seus créditos, em função da má vontade 'política' de alguns gestores. Tais mazelas restringem a participação de empresários honestos, coibindo a competitividade e a obtenção de melhores preços pela Administração" (*Leis de licitações públicas comentadas*. 2. ed. p. 442).

Como observam Jair Santana e Edgar Guimarães, a preocupação do legislador no sentido de estabelecer esse direito aos contratados pela Administração conduz a uma espécie de confissão antecipada por mau comportamento fiscal e orçamentário do Poder Público.[120] Ronny Charles considera questionável a constitucionalidade da restrição desse benefício apenas às micro e pequenas empresas:[121]

> Haverá justificativa para tal *discrímen* em detrimento das demais empresas, por vezes também prejudicas por tais inadimplências administrativas?
>
> É certo que deve haver um resguardo e controle no adimplemento coercitivo dos órgãos públicos, mas não seria constitucionalmente mais correto que o critério fosse um percentual que se relacionasse à capacidade de endividamento ou ao capital da empresa, com limitação a um patamar máximo? Assim, seriam beneficiadas as empresas de menor porte, como também as maiores, mas apenas naquelas situações em que o atraso realmente prejudicasse a continuidade eficiente da própria pessoa jurídica.[122]

Seu parágrafo único definia que cédula de crédito microempresarial configuraria um título de crédito regido, subsidiariamente, pela legislação prevista para as cédulas de crédito comercial, tendo como lastro a nota de empenho do Poder Público, cuja regulamentação deveria ocorrer no prazo de cento e oitenta dias. Ao revogar o citado parágrafo, a LC nº 147/2014 excluiu tanto o conceito legal quanto a limitação para que a regulamentação ocorresse no prazo de 180 dias, a contar da publicação da lei.

Consigne-se que o instituído surge na contramão do procedimento adotado por muitos órgãos da Administração, porquanto, buscando

---

[120] SANTANA; GUIMARÃES. *Licitações e o novo estatuto da pequena e microempresa*: reflexos práticos da LC nº 123/06.
[121] TORRES. *Leis de licitações públicas comentadas*. 2. ed.
[122] Jair Santana e Edgar Guimarães também consideram discutível o privilégio para micro e pequenas empresas (*Licitações e o novo estatuto da pequena e microempresa*: reflexos práticos da LC nº 123/06). De forma diversa, Irene Nohara, alertando que o capital de giro das micro e pequenas empresas não é elevado, o que faz com que muitas não consigam arcar com os riscos de produção e entrega de mercadorias se a Administração retardar o pagamento, considera o mecanismo positivo, uma vez que a providência permite que essas empresas não se descapitalizem em virtude desses atrasos, constituindo-se, na sua ótica, em "relevante esforço para que, persistindo a inadimplência do Poder Público, se torne mais célere o acesso ao credito correspondente" (MAMEDE *et al*. *Comentários ao Estatuto Nacional da Microempresa e da Empresa de Pequeno Porte*: Lei Complementar nº 123, de 14 de dezembro de 2006).

afastar a possibilidade de emissão de duplicatas comerciais por parte dos contratados, já que utilizam a ordem bancária como forma de pagamento (com depósito direto nas contas dos credores), têm feito constar nos seus contratos uma cláusula impeditiva da emissão de tais títulos.[123]

Considerando a forma peculiar de pagamento adotada pela Administração Pública, com a utilização de depósito direto na conta corrente da contratada, temos, ao logo do tempo, sustentado a impossibilidade de emissão de duplicatas em função do contrato celebrado. A nosso ver, a emissão desse título caracterizaria ilícito equiparável à emissão de "duplicatas simuladas", demandando o sancionamento da contratada:

> Contudo, ao avaliar a matéria, o advogado da União Antonio dos Santos Neto, de forma diversa, emitiu o Parecer nº 0031/2019/DECOR/CGU/AGU – que foi aprovado pelo Advogado-Geral da União, com despacho do Presidente da República, e, portanto, nos termos do art. 40, §1º, da Lei Complementar nº 73/1993, com conteúdo vinculante à Administração federal – concluindo que:
>
> a) a cessão de crédito decorrente de contrato administrativo é juridicamente viável, desde que não seja vedada pelo edital ou contrato;
>
> b) a aplicação supletiva do Direito Civil autorizada pelo art. 54 da Lei nº 8.666/1993 possibilita a cessão de crédito na seara pública;
>
> c) determinadas cautelas e formalidades devem ser observadas na cessão de crédito no âmbito administrativo, sobretudo a celebração de termo aditivo entre a Administração e a contratada, a comprovação da regularidade fiscal e trabalhista também por parte da cessionária, bem como a certificação de que a cessionária não se encontra impedida de licitar e contratar por ter sido punida com fundamento no art. 87, III ou IV, da Lei nº 8.666/1993, no art. 7º da Lei nº 10.520/2002 ou no art. 12 da Lei nº 8.429/92;
>
> d) o crédito a ser pago à cessionária é exatamente aquele que seria destinado à cedente (contratada) pela execução do objeto contratual, com o desconto de eventuais multas, glosas e prejuízos causados à Administração, sem prejuízo da utilização dos institutos da conta vinculada e do pagamento direto previstos na Instrução Normativa SEGES/MP nº 5/2017; e

---

[123] Como anota Frederico Garcia Pinheiro, alguns empresários vêm sacando (emitindo) duplicatas contra a respectiva pessoa jurídica de direito público com a qual contrataram o fornecimento de mercadorias ou a prestação de serviços. Dessa forma, tais empresários buscam, indevidamente, se valer do regime jurídico das duplicatas para cobrarem um crédito que têm, pelo menos em tese, contra alguma pessoa jurídica de direito público (*Da emissão de duplicata contra o poder público*).

e) a cessão de crédito não afeta a execução do objeto contratado, que continuará sob a responsabilidade da empresa contratada.

Nesse cenário, o governo federal expediu a Instrução Normativa nº 53, de 8.07.2020, do Secretário de Gestão da Secretaria Especial de Desburocratização, dispondo sobre as regras e os procedimentos para operação de crédito garantida por cessão fiduciária dos direitos de créditos decorrentes de contratos administrativos, realizadas entre o fornecedor e a instituição financeira, por meio do Portal de Crédito digital, no âmbito da Administração Pública federal direta, autárquica e fundacional.

Assim, os fornecedores da Administração poderão utilizar os contratos administrativos como garantia para fazer empréstimos e financiamentos em instituições financeiras que serão credenciadas pelo Ministério da Economia.

Entre outras disposições, a IN nº 53/2020 estabelece que o valor da operação de crédito não poderá exceder a 70% do saldo a receber dos contratos selecionados pelos fornecedores.[124]

E mais: o dispositivo da Lei Complementar em análise causava estranheza, pois a Lei de Licitações e Contratos então vigente (Lei nº 8.666/1993) já possuía regramentos que davam trato à forma de pagamento dos contratos por parte da Administração Pública, impedindo atrasos e apadrinhamentos: o art. 5º previa o pagamento das obrigações com total obediência à estrita ordem cronológica das datas de suas exigibilidades; o §3º deste artigo determinava que os pagamentos decorrentes de despesas cujos valores não ultrapassassem o limite de que trata o inciso II do art. 24 deveriam ser efetuados no prazo de até cinco dias úteis, contados da apresentação da fatura; e o inciso XIV do art. 40 obrigava que se fizessem constar no edital licitatório todas as condições de pagamento, as quais deveriam prever: a) prazo de pagamento, não superior a trinta dias, contado a partir da data final do período de adimplemento de cada parcela; b) cronograma de desembolso máximo por período, em conformidade com a disponibilidade de recursos financeiros; c) critério de atualização financeira dos valores a serem pagos, desde a data final do período de adimplemento de cada parcela até do efetivo pagamento; e d) compensações financeiras e penalizações, por eventuais atrasos, e descontos, por eventuais antecipações de pagamentos.

---

[124] BITTENCOURT. *Nova lei de licitações passo a passo*: comentando artigo por artigo a Nova Lei de Licitações e Contratos Administrativos, Lei nº 14.133, de 1º de abril de 2021.

De forma mais contundente, a Nova Lei de Licitações (Lei nº 14.133/2021) impõe, em seu art. 141 e parágrafos,[125] que os pagamentos do Poder Público referentes aos contratos celebrados atendam à ordem cronológica das suas exigibilidades, salvo em situações excepcionais, mediante prévia justificativa da autoridade competente e posterior comunicação ao órgão de controle interno da Administração e ao tribunal de contas competente.

Nesse dever de pagamento, a Administração deverá observar a ordem cronológica para cada fonte diferenciada de recursos, subdividida nas seguintes categorias de contratos: a) fornecimento de bens; b) locações; c) prestação de serviços; e d) realização de obras.

As situações excepcionais estão listadas exaustivamente no §1º:
- Grave perturbação da ordem, situação emergencial ou calamidade pública;
- Pagamento a microempresa, empresa de pequeno porte, agricultor familiar, produtor rural pessoa física, microempreendedor individual e sociedade cooperativa, desde que demonstrado o risco de descontinuidade do cumprimento do objeto do contrato;

---

[125] Art. 141. No dever de pagamento pela Administração, será observada a ordem cronológica para cada fonte diferenciada de recursos, subdividida nas seguintes categorias de contratos:
I – fornecimento de bens;
II – locações;
III – prestação de serviços;
IV – realização de obras.
§1º A ordem cronológica referida no *caput* deste artigo poderá ser alterada, mediante prévia justificativa da autoridade competente e posterior comunicação ao órgão de controle interno da Administração e ao tribunal de contas competente, exclusivamente nas seguintes situações:
I – grave perturbação da ordem, situação de emergência ou calamidade pública;
II – pagamento a microempresa, empresa de pequeno porte, agricultor familiar, produtor rural pessoa física, microempreendedor individual e sociedade cooperativa, desde que demonstrado o risco de descontinuidade do cumprimento do objeto do contrato;
III – pagamento de serviços necessários ao funcionamento dos sistemas estruturantes, desde que demonstrado o risco de descontinuidade do cumprimento do objeto do contrato;
IV – pagamento de direitos oriundos de contratos em caso de falência, recuperação judicial ou dissolução da empresa contratada;
V – pagamento de contrato cujo objeto seja imprescindível para assegurar a integridade do patrimônio público ou para manter o funcionamento das atividades finalísticas do órgão ou entidade, quando demonstrado o risco de descontinuidade da prestação de serviço público de relevância ou o cumprimento da missão institucional.
§2º A inobservância imotivada da ordem cronológica referida no *caput* deste artigo ensejará a apuração de responsabilidade do agente responsável, cabendo aos órgãos de controle e a sua fiscalização.
§3º O órgão ou entidade deverá disponibilizar, mensalmente, em seção específica de acesso à informação em seu sítio na internet, a ordem cronológica de seus pagamentos, bem como as justificativas que fundamentarem a eventual alteração dessa ordem.

- Pagamento de serviços necessários ao funcionamento dos sistemas estruturantes, desde que demonstrado o risco de descontinuidade do cumprimento do objeto do contrato;
- Pagamento de direitos oriundos de contratos em caso de falência, recuperação judicial ou dissolução da empresa contratada; e
- Pagamento de contrato cujo objeto seja imprescindível para assegurar a integridade do patrimônio público ou para manter o funcionamento das atividades finalísticas do órgão ou entidade, quando demonstrado o risco de descontinuidade da prestação de serviço público de relevância ou o cumprimento da missão institucional.

Convém ressaltar que as razões excepcionais de interesse público devem ser previamente justificadas, não devendo, em hipótese alguma, ser encaradas como discricionárias.

Se a Administração está proibida de pagar fora da ordem cronológica das datas exigidas, há de se reconhecer que os contratados possuem o direito de que os pagamentos a eles devidos sejam realizados em observância a essa ordem cronológica, podendo, então, exigir que assim ocorram. Com efeito, a questão que se coloca é a de ter o contratado um direito público subjetivo de não ser imotivadamente preterido pelo seu contratante, o Poder Público, no momento de receber aquilo a que faz jus em razão de um determinado contrato.

> O direito subjetivo dos contratados de que os pagamentos sejam realizados de acordo com a ordem cronológica de suas exigibilidades é um dos poucos instrumentos disponíveis para que eles possam se opor com eficácia à contumaz inadimplência da Administração Pública. Falta apenas aos contratados utilizarem tal direito, reclamando-o ao Poder Judiciário, até mesmo para que se crie jurisprudência sobre o assunto, o que o tornará ainda mais efetivo. O direito existe, falta usá-lo.[126]

É de se relembrar que o pagamento com o não atendimento dessa regra é identificado como crime, conforme art. 327-H do Decreto-Lei nº 2.848/1940 (Código Penal).

Art. 337-H. Admitir, possibilitar ou dar causa a qualquer modificação ou vantagem, inclusive prorrogação contratual, em favor do contratado,

---

[126] NIEBUHR. *O direito subjetivo dos contratados pela Administração Pública de que os pagamentos sejam realizados em observância à ordem cronológica de suas exigibilidades.*

durante a execução dos contratos celebrados com a Administração Pública, sem autorização em lei, no edital da licitação ou nos respectivos instrumentos contratuais, ou, *ainda, pagar fatura com preterição da ordem cronológica de sua exigibilidade:*
Pena – reclusão, de 4 (quatro) anos a 8 (oito) anos, e multa.[127]

Conforme prescreve o §2º, a inobservância imotivada da ordem cronológica ensejará a apuração de responsabilidade do agente responsável, cabendo aos órgãos de controle a sua fiscalização.

Para que essa regra passe realmente a ser praticada, o §3º determina a disponibilização mensal, em seção específica de acesso

---

[127] Escrevemos sobre o dispositivo: "O segundo tipo penal busca proteger a moralidade, impedindo o chamado "pagamento privilegiado", com preterição da ordem cronológica de apresentação das obrigações ("faturas"). Tal infração penal está intimamente ligada ao preconizado no art. 141, que prevê a obrigação de o pagamento obedecer, para cada fonte diferenciada de recursos, a ordem cronológica das datas de suas exigibilidades. (...) Como supracitado, a Nova Lei de Licitações impõe que a Administração, no pagamento das obrigações relativas ao fornecimento de bens, locações, realização de obras e prestação de serviços, obedeça, para cada fonte diferenciada de recursos, a estrita ordem cronológica das datas de suas exigibilidades, salvo mediante prévia justificativa da autoridade competente e posterior comunicação ao órgão de controle interno da Administração e ao tribunal de contas competente. A regra tutela a obrigatória equação econômico-financeira dos contratos celebrados pela Administração, amparada na garantia oferecida pela CF à lucratividade da proposta do particular. Como nos contratos celebrados os contratantes se obrigam a prestar mútuos e equivalentes encargos e vantagens, a proposta do particular, aprovada pela Administração, deve ter a relação encargos/vantagens protegida contra eventos externos e internos, sempre que imprevisíveis ou, ainda que previsíveis, de consequências incalculáveis. Assim, o art.141 da Nova Lei consagra o dever de a Administração liquidar suas dívidas segundo a ordem cronológica. Além da inconteste obrigação de satisfazer suas dívidas segundo as regras previstas em lei e em contrato, a Administração, nesse encargo, também por determinação legal, está constrangida a observar uma ordem cronológica, não dispondo de discricionariedade para escolher a ordem de preferência. Contudo, o que realmente importa nessa obrigatória observância da ordem cronológica para a liquidação das obrigações é a efetiva exigibilidade, que consiste na possibilidade de o credor pleitear da Administração o pagamento. Nesse sentido, a Instrução Normativa nº 2/2016, do antigo Ministério do Planejamento, dispôs que a ordem cronológica de exigibilidade teria como marco inicial, para efeito de inclusão do crédito na sequência de pagamentos, o recebimento da nota fiscal ou fatura pela unidade administrativa responsável pela gestão do contrato, considerando-se ocorrido o recebimento da nota fiscal ou fatura no momento em que o órgão contratante atestar a execução do objeto do contrato. Pois bem: essa compulsória observância recebe tutela específica no art. 337-H em comento, que tipifica como crime "pagar fatura com preterição da ordem cronológica de sua exigibilidade". Fatura é um documento comercial que representa uma venda, sendo comumente utilizada como documento fiscal quando inclui elementos dessa natureza, sendo então denominada nota fiscal/fatura. No caso, a expressão "pagar fatura" – tão popular, que deveria ser evitada em textos normativos – significa a quitação em espécie do valor da nota fiscal emitida e cobrada em razão de contrato celebrado e executado. De forma diversa do crime do artigo anterior, o crime aqui só se aperfeiçoa com a real obtenção de vantagem indevida oriunda das modificações ou das prorrogações contratuais irregulares" (BITTENCOURT. *Infrações e crimes licitatórios.* 2. ed.).

à informação em sítio na internet do órgão ou entidade, a ordem cronológica de seus pagamentos, bem como as justificativas que fundamentarem a eventual alteração dessa ordem.

Sobre o assunto, o Ministério da Economia disponibilizou para consulta pública minuta de instrução normativa que irá regulamentar a observância dessa ordem cronológica de pagamentos, no âmbito da Administração Pública federal direta, autárquica e fundacional.

6.1 A emissão do título de crédito somente após a concretização da despesa pública

Impende ressaltar que a Despesa Pública se concretiza por intermédio de um procedimento compreendido por três atos: empenho, liquidação e pagamento.

Reza o art. 58 da Lei nº 4.320/64 (regra legal que estatui de normas gerais de Direito Financeiro), que o empenho de despesa é o ato emanado de autoridade competente que cria para o Estado a obrigação de pagamento, pendente ou não de implemento de condição, ou seja, é ato advindo de autoridade pública competente que vincula a dotação de créditos orçamentários aos pagamentos decorrentes de contratos celebrados.[128]

Conforme preconiza o art. 62 da Lei nº 4.320/64, o pagamento de uma despesa pública só pode ser efetuado quando ordenado, após sua regular liquidação, que se constitui como ato de exame do direito do credor da obrigação, a origem e o objeto que deve pagar, a importância a ser paga e a pessoa a que se deve efetuar o pagamento.

Assim, somente após a ocorrência da emissão do empenho (originando o documento "nota de empenho", com indicação do nome do credor, a especificação e a importância da despesa) e da liquidação da despesa (com verificação cautelosa de todos os quesitos mencionados),[129]

---

[128] Na verdade, o empenho não cria a obrigação de pagar, uma vez que essa advém, na verdade, do contrato administrativo celebrado. A obrigação surge com o adimplemento do contratado e a verificação por parte da Administração de que o objeto foi executado corretamente (liquidação).

[129] Consoante o previsto no art. 63 da Lei nº 4.320/67, a liquidação da despesa consiste na verificação do direito adquirido pelo credor, tendo por base os títulos e documentos comprobatórios do respectivo crédito, com o fim de apurar: (a) a origem e o objeto do que se deve pagar; (b) a importância exata a pagar; (c) a quem se deve pagar a importância, para extinguir a obrigação. Segundo o seu §2º, a liquidação da despesa deverá basear-se: (a) no contrato, ajuste ou acordo respectivo; (b) na nota de empenho; (c) nos comprovantes da entrega de material ou da prestação efetiva do serviço.

é que poderá ser emitida a cédula de crédito empresarial, com o obrigatório interregno de 30 dias corridos, contados a partir da data da efetiva liquidação.

ARTS. 47 E 48 DA LC Nº 123/06
(COM REDAÇÃO DADA PELA LC Nº 147/2014)

Art. 47. Nas contratações públicas da administração direta e indireta, autárquica e fundacional, federal, estadual e municipal, deverá ser concedido tratamento diferenciado e simplificado para as microempresas e empresas de pequeno porte objetivando a promoção do desenvolvimento econômico e social no âmbito municipal e regional, a ampliação da eficiência das políticas públicas e o incentivo à inovação tecnológica. (Redação dada pela Lei Complementar nº 147/2014)
Parágrafo único. No que diz respeito às compras públicas, enquanto não sobrevier legislação estadual, municipal ou regulamento específico de cada órgão mais favorável à microempresa e empresa de pequeno porte, aplica-se a legislação federal. (Incluído pela Lei Complementar nº 147/2014)

Art. 48. Para o cumprimento do disposto no art. 47 desta Lei Complementar, a administração pública: (Redação dada pela Lei Complementar nº 147/2014)
I – deverá realizar processo licitatório destinado exclusivamente à participação de microempresas e empresas de pequeno porte nos itens de contratação cujo valor seja de até R$80.000,00 (oitenta mil reais); (Redação dada pela Lei Complementar nº 147/2014)
II – poderá, em relação aos processos licitatórios destinados à aquisição de obras e serviços, exigir dos licitantes a subcontratação de microempresa ou empresa de pequeno porte; (Redação dada pela Lei Complementar nº 147/2014)
III – deverá estabelecer, em certames para aquisição de bens de natureza divisível, cota de até 25% (vinte e cinco por cento) do objeto para a contratação de microempresas e empresas de pequeno porte. (Redação dada pela Lei Complementar nº 147/2014)
§1º (Revogado).
§2º Na hipótese do inciso II do caput deste artigo, os empenhos e pagamentos do órgão ou entidade da administração pública poderão ser destinados diretamente às microempresas e empresas de pequeno porte subcontratadas.
§3º Os benefícios referidos no caput deste artigo poderão, justificadamente, estabelecer a prioridade de contratação para as microempresas e empresas de pequeno porte sediadas local ou regionalmente, até o limite de 10% (dez por cento) do melhor preço válido. (Incluído pela Lei Complementar nº 147/2014)

7 Outros tratamentos diferenciados: a questão das normas gerais e das normas específicas

Atendendo plenamente ao ditame constitucional que disciplina que a União deve dispor sobre normas gerais de licitação,[130] o art. 47 possibilita a adoção de outras formas de tratamento diferenciado para as microempresas e pequenas empresas, as quais deverão ser implementadas pela administração direta e indireta, autárquica e fundacional, federal, estadual, municipal e distrital (não obstante a omissão da Lei), objetivando a promoção do desenvolvimento econômico e social na esfera local, a ampliação da eficiência das políticas públicas e o incentivo à inovação tecnológica.

Como é cediço, a Constituição Federal estabeleceu como privativa da União a competência para edição de normas gerais sobre licitações, reservando aos entes federativos a tarefa de editar normas específicas sobre a matéria. Conforme vetustas e precisas lições de Oswaldo Aranha Bandeira de Mello, nas matérias que cabe à União estabelecer os princípios, prescrevendo as normas gerais, os demais membros da federação ficam encarregados de ditar os dispositivos complementares e supletivos. Entretanto, alertava o jurista:

> A União, neste caso, não deve e não pode exceder-se no exercício das suas atribuições, entrando em pormenores e prescrevendo, quase completamente, sobre a matéria, pois desse modo viria anular a verdadeira competência dos Estados.[131]

Sobre a questão, Alice Gonzalez Borges leciona:

> (...) normas gerais hão de ser as que instrumentalizam princípios constitucionais, quanto a aspectos cuja regulamentação seja essencial à atuação integral do preceito que as fundamenta; deverão ser regras que assegurem sua aplicação uniforme, na disciplina de situações heterogêneas, apenas no *quantum satis* necessário à plena realização da norma fundamental.[132]

---

[130] Na verdade, a própria LC nº 123/06 se autodeclarou inteiramente de normas gerais, o que demanda entender que também os demais artigos que tratam de licitações estão enquadrados nesse patamar.
[131] MELLO. *Princípios gerais de direito administrativo*.
[132] BORGES. *Normas gerais no estatuto de licitações e contratos administrativos*.

Ferreira: Registre-se, também, o comentário preciso de Sergio de Andréa

O conceito de normas gerais tem duas espécies de condicionamentos, um de caráter horizontal, e outro vertical: pelo primeiro, essas normas têm de ser idênticas para todas as unidades federativas envolvidas, e a todas abranger; e pelo segundo, têm de cingir-se, efetivamente, às generalidades, sem descer a especificações, sem baixar a detalhamentos.[133]

Nesse diapasão, o art. 47 apenas prescreveu as normas gerais sobre licitações diferenciadas e simplificadas para as micro e pequenas empresas – com o propósito de promover o desenvolvimento econômico e social no âmbito municipal e regional –, reafirmando a competência dos entes federativos no estabelecimento de normas específicas, alicerçando-se, para justificar o ato, a intenção de ampliar a eficiência das políticas públicas e o incentivo à inovação tecnológica.

Uma alteração importante foi determinada pela LC nº 147/2014: antes, a regra previa a possibilidade da concessão de tratamento diferenciado, agora, o regramento impõe o procedimento. Assim, a administração pública está obrigada a conceder o tratamento diferenciado e simplificado para as microempresas e empresas, intentando a promoção do desenvolvimento econômico e social no âmbito municipal e regional, a ampliação da eficiência das políticas públicas e o incentivo à inovação tecnológica.

7.1 A promoção do desenvolvimento econômico e social no âmbito municipal e regional, a ampliação da eficiência das políticas públicas e o incentivo à inovação tecnológica

Como mencionado, o objetivo primordial do tratamento diferenciado mencionado no art. 47, que se materializará nas formas arquitetadas no art. 48, é a promoção do desenvolvimento econômico e social local, a ampliação da eficiência das políticas públicas e o incentivo à inovação tecnológica.

Inicialmente, pela maneira que o texto está disposto, é possível afirmar que os objetivos são cumulativos: a concessão do regime diferenciado somente se demonstra com a presença dos três fatores.

---

[133] FERREIRA. *Comentários à Constituição*. v. 3.

Assim, inexistindo um deles, a Administração estará impedida de aplicar o regime diferenciado.

Essa situação intrigou Jessé Torres e Marinês Dotti:

> (...) se, por exemplo, tal tratamento for importante para promover o desenvolvimento econômico e social no âmbito municipal e regional, bem assim para ampliar a eficiência de políticas públicas específicas, não se compreende o sentido de ser inviável a aplicação do regime diferenciado porque do contrato não resultasse inovação tecnológica ou esta não fosse necessária para a execução de seu objeto, até porque inovação tecnológica não é imprescindível à consecução dos dois outros objetivos.[134]

Os juristas estão cobertos de razão, uma vez que, na prática, é verdadeiramente complicada a conjugação dos fatores para legitimar a concessão de tratamento diferenciado. A união dos três fatores – aliando-se a promoção do desenvolvimento econômico e social no âmbito local à ampliação da eficiência de políticas públicas e ao incentivo à inovação de tecnologia – constituiria fator inviabilizador, por exemplo, ao uso do pregão eletrônico. Ora, se o objetivo é o desenvolvimento da produção regional, seria ilógica a utilização dessa forma de pregão, uma vez que sua abrangência ultrapassa em muito o âmbito local. Além disso, é cediço que grande parte dos pequenos fornecedores regionais, mesmo após mais de uma década e meia de existência da Lei, ainda engatinha no mundo digital. Não foi por outro motivo que a *Cartilha do comprador*, elaborada pelo SEBRAE com o propósito de instruir o fomento da economia local e o acesso qualificado do micro e pequeno empresário nos procedimentos de compras, sugere a adoção de um critério seletivo para a opção entre a realização do pregão eletrônico e do pregão presencial.

> Quando a licitação for de produtos de baixo valor agregado, como alimentos, produtos comuns, manutenção, papel, material de escritório etc., o pregão presencial é sempre a melhor alternativa para gerar o desenvolvimento local.
>
> Quando a licitação for de alto valor agregado, como, por exemplo, a compra de ambulâncias, retroescavadeiras, medicamentos etc., o uso do pregão eletrônico pode mostrar-se mais efetivo.[135]

---

[134] PEREIRA JÚNIOR; DOTTI. *O tratamento diferenciado às microempresas, empresas de pequeno porte e sociedades cooperativas nas contratações públicas, segundo as cláusulas gerais e os conceitos jurídicos indeterminados acolhidos na Lei Complementar nº 123/06 e no Decreto Federal nº 6204/07*.

[135] ZANIN. *Cartilha do comprador*: os novos paradigmas da Administração Pública.

7.2 Condições para o tratamento diferenciado

Algumas condições se impõem para a implementação do tratamento diferenciado mencionado no art. 47. No caso da União, exige-se a elaboração de decreto regulamentar (o que já ocorreu, inicialmente, com a edição do Decreto nº 6.204/07, e, posteriormente, com a edição do Decreto nº 8.538, de 6.10.2015, alterado pelo (Decreto nº 10.273, de 13.03.2020). Quanto aos outros entes federativos (Estados, Municípios e Distrito Federal), é exigível, inicialmente, a existência de diploma legal regional, isto é, há a necessidade de lei específica,[136] e, depois, o estabelecimento no diploma das condutas licitatórias dispostas no art. 48, a saber:

a) processo licitatório destinado exclusivamente à participação de microempresas e pequenas empresas nos itens de contratação cujo valor seja de até R$80.000,00 (oitenta mil reais);
b) em relação aos processos licitatórios destinados à aquisição de obras e serviços, a possibilidade de exigir dos licitantes a subcontratação de microempresa ou empresa de pequeno porte;
c) em certames para aquisição de bens de natureza divisível, estabelecer cota de até 25% (vinte e cinco por cento) do objeto para a contratação de microempresas e empresas de pequeno porte.

Como anotou Ronny Charles, ao alterar o texto original da LC nº 123, a LC nº 147/2014, relativizou a faculdade de concessão das licitações diferenciadas. Da leitura conjunta dos arts. 47 e 48, percebe-se que, agora, as licitações exclusivas (art. 48, I) e a cota de 25% (art. 48, III) devem ser utilizadas, em regra.

---

[136] Para conferir concretude às normas é imprópria, em termos técnico-jurídicos, a edição de decretos regulamentares nos Estados, Municípios e Distrito Federal, como já ocorreu em alguns entes federativos. *Vide* que o §1º do art. 77 da LC nº 123/06 estabelece o prazo de um ano para que sejam editadas leis e demais atos necessários para propiciar o tratamento diferenciado. Nesse passo, andou correto o legislador quando fez menção à edição de lei, não obstante haver derrapado quando estabeleceu prazo para tal (exemplos de acertos e impropriedades: o Estado de Sergipe, acertadamente, aprovou, através da Assembleia Legislativa, a Lei nº 6.206, de 25.9.2007; da mesma forma, o Estado de São Paulo – Lei nº 13.122, de 7.7.2008; impropriamente, os estados de Minas Gerais e do Rio de Janeiro editaram, respectivamente, os decretos estaduais nº 44.630, de 3.10.2007 e nº 42.063, de 6.10. 2009).

Sublinhe-se que as condutas autorizadas – que se consubstanciarão nas leis locais com detalhamentos –, não poderão se afastar do regrado nas normas gerais, nem desatender à tríade: promoção do desenvolvimento econômico e social no âmbito local; ampliação da eficiência das políticas públicas; e incentivo à inovação tecnológica, conforme dispõe como condição o art. 47.

7.2.1 Licitações exclusivas para micro e pequenas empresas nas contratações cujo valor não exceda a R$80.000,00 (inciso I do art. 48)

A primeira forma restringe o universo dos licitantes, limitando-o às micro e pequenas empresas. Assim, o Poder Público deverá instaurar licitação exclusiva para a participação de micro e pequenas empresas nos itens de contratação cujo valor seja de até R$80.000,00.[137]

Vide que, diversamente do texto original do dispositivo – que determinava que, para o cumprimento do esposado no art. 47, a Administração poderia realizar licitação destinada exclusivamente à participação de microempresas e empresas de pequeno porte nas contratações cujo valor seja de até R$80.000,00 –, a nova redação dada pela LC nº 147/2014 é impositiva, prescrevendo que a Administração *deverá* realizar processo licitatório destinado exclusivamente à participação de microempresas e empresas de pequeno porte nos itens de contratação cujo valor seja de até R$80.000,00. Observe-se, ainda, que o novo texto adotou o "item" como referência, reafirmando nosso entendimento de que, nas licitações por itens, deve ser adotada a regra de exclusividade para as pequenas empresas em relação aos mesmos.[138]

Bastante cuidado, portanto, se deverá ter na aplicação da solução legal nas chamadas compras conjuntas, ou seja, naquelas em que a Administração, por conveniência e oportunidade, opta pela realização por

---

[137] Nos EUA, nos termos da "Lei das Pequenas Empresas", o governo, através de agências federais, também pratica a reserva de diversas competições exclusivamente para a participação das pequenas empresas. Tal operação é denominada *small business set-asides*, que faz parte do *Small Business Reserve* (sistema de reserva de compras públicas para pequenas empresas). Sobre o assunto, *vide*: https://www.sba.gov/about-sba/organization/performance.

[138] Orientação da Advocacia-Geral da União seguia no mesmo tom: Orientação Normativa AGU Nº 47/2014: Em licitação dividida em itens ou lotes/grupos, deverá ser adotada a participação exclusiva de microempresa, empresa de pequeno porte ou sociedade cooperativa (art. 34 da Lei nº 11.488, de 2007) em relação aos itens ou lotes/grupos cujo valor seja igual ou inferior a R$80.000,00 (...).

"grupo classe", em vez da aquisição individual, como, por exemplo, na compra de material de escritório (lápis, caneta, papel, borracha etc.) ou de limpeza (vassoura, rodo, pano de chão, balde etc.). Já enfrentamos o tema das compras por itens em artigos e em livro,[139] em análise concernente à Lei nº 8.666/1993. Ao contrário do que muitos entendiam, o antigo Estatuto Licitatório não preconizava a vedação do parcelamento da execução de serviço, obra ou aquisição. Ao contrário, os dois primeiros parágrafos do art. 23 sinalizavam o parcelamento, condicionando-o à comprovação técnica e econômica de sua necessidade. Pelo estabelecido nos dois parágrafos, constatava-se, à clarividência, que a lei determinava como regra o parcelamento,[140] apontando, inclusive, os motivos que ensejavam essa determinação: o melhor aproveitamento dos recursos disponíveis no mercado e a busca de ampliação da competitividade.[141]

Em manifestação sobre o tema, o TCU recomendava reiteradamente que, na elaboração de certames licitatórios, se adotasse o parcelamento como regra na contratação, a não ser que alguma inviabilidade de ordem técnica impedisse tal atitude.

A preocupação que impôs a adoção do parcelamento dizia respeito tão somente à modalidade de licitação, uma vez que fora mantida a obrigatoriedade da preservação da modalidade do "todo" nas licitações parceladas,[142] evitando-se, dessa forma, desvio de finalidade. Assim, o objeto da compra (ou da obra/serviço) haveria sempre de ser definido em sua totalidade, complementado pela execução parcelada, caso presentes os requisitos já mencionados.

---

[139] BITTENCOURT. *Questões polêmicas sobre licitações e contratos administrativos*. 2. ed.
[140] Não obstante a péssima redação do art. 8º, que permite ao leitor desatento entender, equivocadamente, que a regra para a realização dos certames é exatamente a inversa. Na verdade, dita o dispositivo o procedimento para a programação da execução das obras e serviços que, aí sim, deve reger-se sempre em função da totalidade. A divisão far-se-á necessária caso haja comprovação técnica e econômica.
[141] Também nesse sentido, Carlos Botelho e Aglézio de Brito, membros do Instituto de Direito Administrativo: "Os termos 'serão divididas' obrigam a Administração a dividir as aquisições de bens e serviços em parcelas que serão licitadas, se o conjunto da compra exigir licitação. A redação anterior dizia que essa possibilidade seria a critério e conveniência da Administração. Com a nova redação, sai o critério e as conveniências e entra a obrigação de que serão divididas" (*O fracionamento da despesa e o processo licitatório*).
[142] Da mesma forma, Carlos Botelho e Aglézio de Brito: "As despesas com obras, serviços e compras deverão ser divididas (...), entretanto, cada licitação deverá ser processada na modalidade indicada como se não fosse parcelada. Ou seja, se o valor da despesa a licitar exige a modalidade concorrência, ou a tomada de preços, ou o convite, cada parcela desta despesa será licitada na modalidade concorrência, tomada de preços ou convite, mesmo que o valor de cada parcela seja inferior à modalidade do custo global".

É de se alertar que em nenhum momento o diploma legal configurava a necessidade de agruparem-se itens de uma mesma classe ou grupo para a verificação da modalidade de licitação a ser adotada. Ao contrário, se constatava, analisando-se a Seção V "Das compras", que ò material a ser comprado deveria ser caracterizado individualmente, uma vez que o agente público estaria obrigado a definir as unidades e as quantidades a serem adquiridas, baseando-se no histórico de consumo através de um rígido planejamento, especificando, com detalhes, o bem desejado, sem indicação de marcas.

Em consequência, poderia a Administração enveredar por dois caminhos quando pretendesse adquirir certa quantidade de produtos de uma mesma classe:
a) por meio de licitações distintas, uma para cada item almejado, o que, a nosso ver, seria mais consentâneo com a lei; ou
b) através de uma única licitação, agrupando todos os itens, efetuando o julgamento por itens, desde que, evidentemente, de natureza divisível.[143]

Dessa forma, vislumbrava-se, com clareza, que, em situações dessa natureza, poderia o Poder Público decidir por instaurar licitações distintas para cada item.[144] A opção por uma única licitação englobando todos os itens se daria exclusivamente em função da facilidade e da economia decorrentes dessa forma procedimental.

Em consequência, restava claro que a Administração estaria obrigada a considerar, nas licitações conjuntas, o limite de R$80 mil por item, e jamais o valor total da licitação.

Sobre o assunto, Jessé Torres e Marinês Dotti:

> O benefício (...) poderá ser adotado por item ou por edital de licitação. Quando a opção em aplicar o benefício for por item, o valor estimado do item não poderá ultrapassar R$80.000,00. Recomenda-se que, na composição dos itens do edital, deverão ser considerados materiais da

---

[143] Nessa linha, afigura-se a decisão do TCU, determinando à TELESP (à época, ainda não privatizada) que "quando da realização de procedimento licitatório, cujo objeto seja de natureza divisível, sem prejuízo do conjunto ou complexo, proceda à adjudicação por itens ou promova licitações distintas, tendo em vista o disposto nos arts. 3º, §1º, inciso I; 23 §§1º e 2º; e 15, inciso IV, todos da lei nº 8666/93" (TCU. Decisão nº 826, Plenário).

[144] Aline Câmara e Leonardo Coelho, no mesmo tom, dispõem que tal hipótese de licitação reservada diz respeito "aos procedimentos licitatórios em que os bens e serviços possam ser itemizados" (*O impacto da lei de microempresas e empresas de pequeno porte nas contratações públicas*).

mesma 'família', bem como de serviços correlatos, de acordo com os respectivos catálogos. Quando a opção em aplicar o benefício for por edital, o somatório do valor estimado dos itens não poderá ultrapassar R$80.000,00. Caso ultrapasse o valor, essa licitação não poderá adotar o benefício da exclusividade para ME/EPP/Cooperativas. Não obstante, se esse somatório (ou valor global) for igual ou menor que R$80.000,00, para essa licitação poderá ser adotado o benefício da exclusividade para ME/EPP/Cooperativas (...).[145]

A Nova Lei de Licitações (Lei nº 14.133/2021) manteve essa linha de conduta, com a utilização do critério de julgamento por itens, determinando a adoção do Princípio do Parcelamento (art. 40, V, b). Observamos:

A Lei nº 8.666/1993 já havia inovado ao trazer para o âmbito das compras públicas tal princípio, oferecendo, dessa forma, oportunidades a micro e pequenas empresas, coerentemente com o preconizado no art. 170, inc. IX, CF.

Impende ressaltar a diferença entre parcelamento e fracionamento das contratações. Os dicionários da língua portuguesa trazem as definições de fracionamento e parcelamento quase sempre no seguinte sentido: "Fracionamento: fragmentação, divisão. Parcelamento: divisão em parcelas, em prestações",[146] pelo que se conclui que parcelar significa dividir o todo em parcelas, enquanto fracionar significa dividir o todo em frações.

No âmbito das licitações e contratações públicas, entretanto, os institutos adquiriram significados diametralmente opostos, não por expressa menção semântica legal, mas por construção doutrinária.

O parcelamento refere-se ao objeto a ser licitado, representando a sua divisão no maior número de parcelas possíveis que forem viáveis técnica e economicamente, com vistas à ampliação da competitividade.

O fracionamento, por sua vez, configura prática irregular que se caracteriza pela divisão da despesa com o objetivo de justificar a contratação direta.[147]

---

[145] PEREIRA JÚNIOR; DOTTI. *Microempresas, empresas de pequeno porte e sociedades cooperativas nas contratações públicas*: tratamento diferenciado segundo as cláusulas gerais e os conceitos jurídicos indeterminados acolhidos na LC nº 123/06 e no Dec. Federal nº 6.204/07.

[146] AULETE. *Dicionário contemporâneo da língua portuguesa*.

[147] No regime da Lei nº 8.666/1993 também era adotado para a utilização de modalidade de licitação inferior à recomendada à totalidade do objeto.

Observamos que a lei não alude em momento algum ao fracionamento. Registre-se a Súmula TCU nº 247: "É obrigatória a admissão da adjudicação por item e não por preço global, nos editais das licitações para a contratação de obras, serviços, compras e alienações, cujo objeto seja divisível, desde que não haja prejuízo para o conjunto ou complexo ou perda de economia de escala, tendo em vista o objetivo de propiciar a ampla participação de licitantes que, embora não dispondo de capacidade para a execução, fornecimento ou aquisição da totalidade do objeto, possam fazê-lo com relação a itens ou unidades autônomas, devendo as exigências de habilitação adequar-se a essa divisibilidade".

Em arremate, a assertiva sempre abalizada de Carlos Pinto Coelho Motta, que cunhou a expressão "itemização" para configurar a compra da Administração por itens: "[...] a subdivisão em parcelas, tendo em vista aproveitar as peculiaridades do mercado, oferece mais oportunidades à microempresa. Esta provavelmente não teria acesso a uma empreitada ou fornecimento global e de grande vulto. [...] portanto, estimula a competitividade na faixa das micro e pequenas empresas e amplia o âmbito de possíveis licitantes. A licitação itemizada constitui práxis administrativa salutar, permitindo otimizar o procedimento. [...] favorece a pequena empresa e constitui fator de desestímulo à cartelização".[148]

Observe-se que o §2º do art. 40 explicita que, na aplicação do princípio do parcelamento, deverão ser considerados:

a) a viabilidade da divisão do objeto em lotes;

b) o aproveitamento das peculiaridades do mercado local, com vistas à economicidade, sempre que possível, desde que atendidos os parâmetros de qualidade; e

c) o dever de buscar a ampliação da competição e de evitar a concentração de mercado.

E mais: o §3º elenca as hipóteses em que parcelamento não poderá ser adotado, a saber:

a) quando a economia de escala, a redução de custos de gestão de contratos ou a maior vantagem na contratação recomendar a compra do item do mesmo fornecedor;

b) quando o objeto a ser contratado configurar sistema único e integrado e houver a possibilidade de risco ao conjunto do objeto pretendido; e

c) quando o processo de padronização ou de escolha de marca levar a fornecedor exclusivo.[149]

---

[148] MOTTA. *Eficácia nas licitações e contratos*. 10. ed.
[149] BITTENCOURT. *Nova lei de licitações passo a passo*: comentando artigo por artigo a Nova Lei de Licitações e Contratos Administrativos, Lei nº 14.133, de 1º de abril de 2021.

Uma última questão diz respeito ao uso do limite para contratação exclusiva de pequenas empresas em contratações diretas. O inc. I em apreço obriga que se realize licitação exclusiva para microempresas e pequenas empresas nos itens de contratação cujo valor seja de até R$80.000,00. Pois bem, parte expressiva dos contratos firmados com base nas dispensas de licitação indicadas no inc. II do art. 75 da Nova Lei de Licitações (Lei nº 14.133/2021) não ultrapassará tal valor. O limite para a dispensa se dá, hoje, para compras até R$54.020,41.[150] Logo, embora o texto do inciso refira-se expressamente à licitação e não à dispensa licitatória, é de se entender que a aplicação dar-se-á também para a hipótese de dispensa.

Observe-se que o art. 49, que versa sobre as hipóteses de não aplicação dos mandamentos dos arts. 47 e 48 da LC nº 123, prevê, no inc. IV, a inaplicabilidade quando a licitação for dispensável ou inexigível, nos termos dos arts. 24 e 25 da Lei nº 8.666/1993, excetuando-se as dispensas tratadas pelos incs. I e II do art. 24, nas quais a compra deverá ser feita, preferencialmente, de microempresas e empresas de pequeno porte, aplicando-se o disposto no inc. I do supracitado art. 48.

Os dispositivos da Lei nº 8.666/1993 tratavam da dispensa de licitação em função do baixo valor. Considerando-se a edição da Nova Lei de Licitações, entenda-se que à mesma regra submeter-se-ão as hipóteses dos incs. I e II do art. 75 da Lei nº 14.133/2021, que versam sobre o mesmo tema.

É o que também visualiza Joel Niebuhr:

> Sob essa interpretação, o inciso IV do artigo 49 da Lei Complementar nº 123/2006 prescreve que as dispensas de licitação fundadas nos incisos I e II do artigo 75 da Lei nº 14.133/2021 sejam realizadas apenas e exclusivamente com microempresas e empresas de pequeno porte. Empresas médias ou grandes já não podem mais ser contratadas com base nas hipóteses de dispensa em comento, salvo se, pressupõe-se, não se encontrar microempresas ou empresas de pequeno porte dispostas a fazê-lo, dentro das condições e preços considerados aceitáveis pela Administração Pública, o que, se acontecer, depende de justificativas.[151]

---

[150] Conforme atualização dos valores realizada pelo Decreto nº 10.922, de 30.12.2021.
[151] NIEBUHR. *Nova Lei de Licitações e Contratos Administrativos*. 2. ed.

7.2.2 Possibilidade de subcontratação compulsória de micro ou pequenas empresas (inciso II do art. 48)[152]

A segunda hipótese de licitação diferenciada está consubstanciada na determinação de um incentivo à subcontratação das micro ou pequenas empresas por parte das médias ou grandes empresas que participarem de licitações com valores superiores a R$80.000,00.

Assim, a LC autoriza que a Administração, nas licitações destinadas à aquisição de obras e serviços, exija no edital, desde que julgue conveniente, a subcontratação de micro ou pequenas empresas.

A alteração foi criticada por Ronny Charles, que vislumbrou a criação de "um paliativo, resguardando migalhas para as empresas de pequeno porte":

> Esse raciocínio deixa de se preocupar com mudanças estruturais no processo seletivo de contratação pública e no próprio tratamento tributário/comercial a tais pessoas jurídicas, que realmente facilitassem seu desenvolvimento ou uma maior participação nos certames públicos.[153]

A subcontratação, que sempre foi concebida como uma faculdade do contratado, dentro dos limites permitidos pela Administração, passou, portanto, a ser uma possível obrigação.

---

[152] Nos EUA, todos os anos, o Escritório de Compras Governamentais da SBA (*Small Business Administration*) também proporciona às pequenas empresas a oportunidade de subcontratações.
Conforme ressalta Felipe Marques, nos EUA, tal incentivo à conduta das empresas, no caso da subcontratação das micro e pequenas empresas, é reforçado por uma desenvolvida rede de acompanhamento, que conta com instituições que vão desde a responsável pelo acompanhamento personalizado dos pequenos negócios (*Small Business Administration*) ao Senado Federal, que possui um Comitê de Pequenas Empresas e Empreendedorismo: "Os incentivos, por meio da subcontratação (...), favorecem o desenvolvimento das micro e pequenas empresas. A taxa de mortalidade das firmas nos EUA é pequena: de 19% até o segundo ano de existência. (...) O governo dos EUA incentiva a subcontratação (...) e qualquer outro mecanismo pode ser encorajado por meio de sua legislação, bastando para isto introduzi-lo como fator extra preço a ser considerado na licitação" (*Compras Públicas no Brasil e EUA*: análise da concorrência segundo o paradigma estrutura-conduta-desempenho).
Considerando que, bem mais que uma simples obrigação jurídica a todos imposta indistintamente, a situação denota um instrumento de política de fomento às micro e pequenas empresas induzido pela Administração Pública (de modo que ocorra a subcontratação pelas grandes empresas através de uma adesão *voluntária*), Thiago Cássio Araújo sugere que melhor seria a adoção do termo "subcontratação induzida" (*Compreensão geral do Estatuto das Microempresas e Empresas de Pequeno Porte*: a natureza jurídica dos seus favorecimentos em licitações e contratos administrativos).

[153] TORRES. *Lei de licitações públicas comentadas*. 12. ed.

Relembra-se que o Estatuto Licitatório anterior (Lei nº 8.666/1993) já permitia a adoção da subcontratação, impondo a existência de autorização prévia da Administração e alertando que as responsabilidades contratuais e legais seriam exclusivamente do contratado. Tal se dá em função de uma importante característica do contrato administrativo: a realização *intuitu personae* (em razão da pessoa), ou seja, o contrato deve ser executado diretamente pelo contratado, haja vista que, para conseguir celebrá-lo, o então licitante via-se obrigado a habilitar-se à época da licitação, demonstrando capacidade própria para a consecução do objeto pretendido.

Apesar de se ter como regra para os contratos administrativos a impossibilidade de transferência a terceiros, há tempos apregoamos que a realidade tem derrubado por diversas vezes essa máxima, notadamente nos serviços de engenharia mais complexos ou nas grandes obras, nos quais é totalmente impossível que apenas uma empresa detenha todos os conhecimentos técnicos e profissionais para a execução de todo empreendimento. Consequentemente, o legislador pátrio, ciente dessa realidade, fez constar na Lei a possibilidade de a Administração avaliar a conveniência de permitir a subcontratação, devendo esse regramento ser entendido como uma autorização de repasse de parte da execução por parte do contratado, sem prejuízo de suas responsabilidades.

Sobre a matéria, anotou o saudoso Diogenes Gasparini:

> As subcontratações, pode-se afirmar, são normais. O comum é a execução mediante subcontratação. A exceção é a execução integral do contrato pelo contratado. Dificilmente, o contratado executa com seus próprios recursos humanos e materiais, por exemplo, todas as partes de uma construção.[154]

Segundo o §2º, na hipótese dessa subcontratação, os empenhos e pagamentos do órgão ou entidade da Administração poderão ser destinados diretamente às microempresas e empresas de pequeno porte subcontratadas.[155]

---

[154] GASPARINI. *Contratos administrativos*.
[155] O Decreto regulamentar federal nº 8.538/2015 admite, inclusive, que empenhos e pagamentos referentes às parcelas subcontratadas serão destinados diretamente às microempresas e empresas de pequeno porte subcontratadas.
Art. 7º Nas licitações para contratação de serviços e obras, os órgãos e as entidades contratantes poderão estabelecer, nos instrumentos convocatórios, a exigência de subcontratação de microempresas ou empresas de pequeno porte, sob pena de rescisão contratual, sem prejuízo das sanções legais, determinando:
(...)

É imperioso destacar que o direito administrativo já registra a previsão de empenho direto ao subcontratado, pois a lei que trata do regime das Parcerias Público-Privadas (Lei nº 11.079/2004) autoriza essa conduta no inciso II do §2º do art. 5º.[156]

Sem embargo, certo é que a LC nº 123/06 produz uma inusitada relação jurídica entre a Administração e o subcontratado (micro ou pequena empresa), que poderá ser beneficiário direto de empenhos emitidos ou de pagamentos devidos pelo Poder Público, o que, em última análise, ao menos representa maior garantia para essas empresas, minimizando o risco de atrasos nos pagamentos.

Evidentemente, a exigência de subcontratação não será aplicável quando o vencedor da licitação for microempresa ou pequena empresa.

Registre-se que a Nova Lei de Licitações (Lei nº 14.133/2021) também autoriza a subcontratação. Seu art. 122 preceitua que, na execução do contrato e sem prejuízo das responsabilidades contratuais e legais, o contratado poderá subcontratar partes da obra, do serviço ou do fornecimento, até o limite autorizado, em cada caso, pela Administração, ficando o contratado obrigado a apresentar documentação que comprove a capacidade técnica do subcontratado, que será avaliada e juntada aos autos do processo correspondente (§1º).[157]

Comentamos:

> Consoante o preceptivo, a subcontratação de parte da obra, serviço ou fornecimento é admitida "até o limite autorizado" pela Administração no ato convocatório. Não haverá, entretanto, qualquer vínculo entre a Administração e o subcontratado. Como observa Ivan Rigolin, não existe ligação nenhuma – institucional, jurídica, operacional, previdenciária,

---

§5º Os empenhos e pagamentos referentes às parcelas subcontratadas serão destinados diretamente às microempresas e empresas de pequeno porte subcontratadas.

[156] "Art. 5º As cláusulas dos contratos de parceria público-privada atenderão ao disposto no art. 23 da Lei nº 8.987, de 13 de fevereiro de 1995, no que couber, devendo também prever: (...) §2º Os contratos poderão prever adicionalmente: (...) II – a possibilidade de emissão de empenho em nome dos financiadores do projeto em relação às obrigações pecuniárias da Administração Pública; (...)".

[157] O §2º do dispositivo dispõe que o regulamento ou o edital de licitação poderão vedar, restringir ou estabelecer condições para a subcontratação. O §3º veda a subcontratação de pessoa física ou jurídica, se aquela ou os dirigentes desta mantiverem vínculo de natureza técnica, comercial, econômica, financeira, trabalhista ou civil com dirigente do órgão ou entidade contratante ou com agente público que desempenhe função na licitação ou atue na fiscalização ou na gestão do contrato, ou se deles forem cônjuge, companheiro ou parente em linha reta, colateral, ou por afinidade, até o terceiro grau, devendo essa proibição constar expressamente do edital de licitação.

trabalhista, comercial, técnica ou de qualquer natureza – entre Administração e subcontratado, mas apenas entre Administração e contratado: "O contratado é que recebe os pagamentos pela execução contratual e é o único a ser fiscalizado, controlado, gerenciado, exigido e cobrado a todo tempo pela Administração contratante, e não o é, jamais, qualquer subcontratado. Pode-se afirmar que "o subcontratado é problema do contratado e não da Administração". Todavia, embora inexista esse vínculo, há de se exigir a demonstração de idoneidade do subcontratado, uma vez que tal ato envolve riscos que a Administração não pode correr. É o que prevê o §1º, ao instituir que o contratado apresentará à Administração documentação que comprove a capacidade técnica do subcontratado, que será avaliada e juntada aos autos do processo correspondente.[158]

O Decreto regulamentar federal nº 8.538/2015 regulamenta o dispositivo em seu art. 7º, apresentando detalhamentos e nuances importantes. Vide, por exemplo, que inadmite a exigência de subcontratação para o fornecimento de bens, exceto quando estiver vinculado à prestação de serviços acessórios.

> Art. 7º Nas licitações para contratação de serviços e obras, os órgãos e as entidades contratantes poderão estabelecer, nos instrumentos convocatórios, a exigência de subcontratação de microempresas ou empresas de pequeno porte, sob pena de rescisão contratual, sem prejuízo das sanções legais, determinando:
> I – o percentual mínimo a ser subcontratado e o percentual máximo admitido, a serem estabelecidos no edital, sendo vedada a sub-rogação completa ou da parcela principal da contratação;
> II – que as microempresas e as empresas de pequeno porte a serem subcontratadas sejam indicadas e qualificadas pelos licitantes com a descrição dos bens e serviços a serem fornecidos e seus respectivos valores;
> III – que, no momento da habilitação e ao longo da vigência contratual, seja apresentada a documentação de regularidade fiscal das microempresas e empresas de pequeno porte subcontratadas, sob pena de rescisão, aplicando-se o prazo para regularização previsto no §1º do art. 4º;
> IV – que a empresa contratada comprometa-se a substituir a subcontratada, no prazo máximo de trinta dias, na hipótese de extinção da subcontratação, mantendo o percentual originalmente subcontratado até a sua execução total, notificando o órgão ou entidade contratante, sob

---

[158] BITTENCOURT. *Nova lei de licitações passo a passo*: comentando artigo por artigo a Nova Lei de Licitações e Contratos Administrativos, Lei nº 14.133, de 1º de abril de 2021.

pena de rescisão, sem prejuízo das sanções cabíveis, ou a demonstrar a inviabilidade da substituição, hipótese em que ficará responsável pela execução da parcela originalmente subcontratada; e

V – que a empresa contratada responsabilize-se pela padronização, pela compatibilidade, pelo gerenciamento centralizado e pela qualidade da subcontratação.

§1º Deverá constar do instrumento convocatório que a exigência de subcontratação não será aplicável quando o licitante for:

I – microempresa ou empresa de pequeno porte;

II – consórcio composto em sua totalidade por microempresas e empresas de pequeno porte, respeitado o disposto no art. 33 da Lei nº 8.666, de 1993; e

III – consórcio composto parcialmente por microempresas ou empresas de pequeno porte com participação igual ou superior ao percentual exigido de subcontratação.

§2º Não se admite a exigência de subcontratação para o fornecimento de bens, exceto quando estiver vinculado à prestação de serviços acessórios.

§3º O disposto no inciso II do caput deverá ser comprovado no momento da aceitação, na hipótese de a modalidade de licitação ser pregão, ou no momento da habilitação, nas demais modalidades, sob pena de desclassificação.

§4º É vedada a exigência no instrumento convocatório de subcontratação de itens ou parcelas determinadas ou de empresas específicas.

§5º Os empenhos e pagamentos referentes às parcelas subcontratadas serão destinados diretamente às microempresas e empresas de pequeno porte subcontratadas.

§6º São vedadas:

I – a subcontratação das parcelas de maior relevância técnica, assim definidas no instrumento convocatório;

II – a subcontratação de microempresas e empresas de pequeno porte que estejam participando da licitação; e

III – a subcontratação de microempresas ou empresas de pequeno porte que tenham um ou mais sócios em comum com a empresa contratante.

7.2.3 Cota de até 25% do objeto para contratação de microempresas e pequenas empresas em aquisição de bens de natureza divisível (inciso III do art. 48)[159]

A terceira hipótese de licitação diferenciada consiste no fracionamento do objeto licitado, reservando-se uma cota (de até 25%) para a contratação de micro ou pequenas empresas em competições cujo objeto seja de natureza divisível.[160] A intenção é a inclusão de pequenas empresas que, exatamente por serem diminutas, não possuam condições de competir para a execução ou o fornecimento de grandes quantidades de produtos, mas possam demonstrar condições competitivas em função do fracionamento.

Insta frisar que, com a alteração imposta pela LC nº 147, a regra, que antes facultava a reserva de cotas para as micro ou pequenas empresas – o que denotava entender que a adoção dependeria de decisão discricionária do agente público responsável, utilizando-se dos critérios de conveniência e oportunidade –, passou a ser mandatória.

Assim, o dispositivo determina, nos certames para a aquisição de bens de natureza divisível, a adoção do regime de cota de até 25% para uma competição reunindo somente micro e pequenas empresas.

---

[159] O dispositivo é muito criticado pela doutrina especializada:
Joel Niebuhr considera que o disciplinamento restringe a competitividade e faz com que a Administração Pública forme contratos com preços elevados, ampliando ainda mais o "custo Brasil" (*Repercussões do estatuto das microempresas e das empresas de pequeno porte em licitação pública*).
Ivan Rigolin o classifica como "imoral", pois "permite que o edital reserve parte do objeto a micro e pequenas empresas, pouco importando se o preço dessas foi excessivo ou mesmo muito superior ao da empresa vencedora (...) o que é sumamente deletério ao poder público, ou seja: desperdiça-se dinheiro público com propostas que não sejam as melhores e mais vantajosas, apenas porque são de micro e de pequenas empresas. Neste ponto, o legislador, se é que se deu conta do despautério da regra, perdeu por completo o senso comum, e o pouco do espírito que lhe restava, e o inciso deve merecer repúdio, o mais veemente, por parte de qualquer administrador sério" (*Micro e pequenas empresas em licitação*: a LC nº 123, de 14.12.2006: comentários aos arts. 42 a 49).
Ronny Charles considera que, sob o argumento de garantir mercado para as micro e pequenas empresas, a Lei Complementar estipula regra em detrimento da eficiência e da procura pela melhor proposta: "Limitar os disputantes, em última análise, resultará na ampliação dos gastos públicos, o que não pode ser passivamente entendido como vantajoso para a Administração" (*Leis de licitações públicas comentadas*. 2. ed.).

[160] Jonas Lima assevera que a hipótese configura uma "nítida inversão de ideias", em comparação à lei americana: "Ao contrário da lei norte-americana, que estabeleceu a 'meta' com feição de patamar mínimo de 23% dos contratos governamentais serem destinados às pequenas empresas, a lei brasileira estabeleceu 'limite' máximo, um verdadeiro teto, de 25% do total licitado em cada ano civil" (*Lei Complementar nº 123/06*: aplicações).

Alerta-se, entretanto, que, conforme preconiza o inc. III do art. 49, a aplicação desse tratamento diferenciado para as microempresas e empresas de pequeno porte não poderá ser desvantajosa para a Administração e, principalmente, representar prejuízo ao conjunto ou complexo do objeto a ser contratado.

Relembra-se que a Estatuto Licitatório anterior (Lei nº 8.666/1993) já determinava, no §1º do seu art. 23, que as obras, os serviços e as compras efetuadas pela Administração, quando configurassem bens divisíveis, deveriam ser subdivididas em tantas parcelas quantas se comprovassem técnica e economicamente viáveis, procedendo-se à licitação com vistas ao melhor aproveitamento dos recursos disponíveis no mercado e à ampliação da competitividade sem perda da economia de escala.[161]

A novidade do dispositivo é o estabelecimento de percentual máximo (de até 25% do objeto) voltado exclusivamente para a contratação de micro ou pequenas empresas.

Destarte, como já observamos em obra específica,[162] este texto legal está condicionado a dois inafastáveis pressupostos:

a) tratar-se de compra de bens de natureza divisível (não autorizando o uso em serviços ou obras); e

b) não configurar-se, com tal permissão, prejuízo para o conjunto ou complexo desejado (muito embora a LC nº 123 não preconize tal determinação).

Bens divisíveis são aqueles que podem ser divididos em partes (ou porções), formando estas partes um objeto homogêneo e distinto em relação ao todo. Indivisíveis são os bens que não se podem dividir, sem que sua essência seja alterada.

Apesar da simples conceituação, na verdade, a situação deve ser sopesada, uma vez que, dependendo da forma como o objeto se apresente, ele poderá caracterizar-se como divisível ou não. Exemplifica-se:

---

[161] Airton Nóbrega também vislumbrou que a modificação da Lei nº 8666/1993 configurava o primeiro passo para permitir que as pequenas empresas participassem de licitações com mais possibilidades de êxito: "Têm-se como certo, portanto, que a inovação alusiva à cotação parcial na compra de bens divisíveis introduz, no bojo das disposições que integram a Lei nº 8.666/1993, regra que se presta (...) a ampliar a participação nas licitações, criando condição que de modo extremamente positivo favorece aos fornecedores de menor porte aos lhes deixar aberta a possibilidade de formularem propostas dentro de suas peculiares condições" (*Licitação de bens divisíveis*).

[162] BITTENCOURT. *Licitação passo a passo*: comentando todos os artigos da Lei nº 8.666/1993 totalmente atualizada, levando também em consideração a Lei Complementar nº 123/06, que estabelece tratamento diferenciado e favorecido às microempresas e empresas de pequeno porte nas licitações públicas. 6. ed.

gêneros alimentícios são tipicamente bens divisíveis. Uma máquina ou um veículo são exemplos clássicos de bens indivisíveis. A aquisição, no entanto, de um número xis de veículos tem o condão de torná-los bens divisíveis.

Sendo os bens pretendidos de natureza divisível, a cotação de quantidade inferior só poderá ocorrer quando essa não trouxer em seu bojo prejuízos ao conjunto do objeto licitado. Assim, razões de ordem técnica, devidamente avaliadas e justificadas pela Administração, que demonstrem um prejuízo ao conjunto pretendido, impedirão a adoção do regime de cota.

Evidencia-se que, com o estabelecimento de cota, possivelmente haverá dois vencedores, com valores absolutamente distintos,[163] o que, na avaliação de Joel Niebuhr, contrariaria o princípio da eficiência.[164]

Sobre a questão, observa Jonas Lima:

> Em uma visão geral, as regras (...) devem ser interpretadas com a concepção de que, para cada um dos lotes (cotas) os respectivos preços formam os mais vantajosos (em seus contextos), lembrando-se ainda que a economia de escala e a efetivação dos princípios constitucionais benéficos às micro e pequenas empresas justificariam a diversidade de preços entre as cotas na mesma licitação.[165]

Acrescenta-se que não há qualquer óbice quanto à participação de micro ou pequenas empresas na competição, visando entrar na disputa também da parte a elas não reservada.

Por serem bens que se caracterizam pela natureza divisível, a regra vale independentemente de a licitação ser ou não estabelecida por itens.

Nesse passo, sublinha Ronny Charles:

> Quando um órgão possui uma pretensão contratual de aquisição de gêneros alimentícios, pode dividi-la em diversos itens, grupos ou lotes, passando cada item, grupo ou lote a representar um objeto de licitação autônomo. Contudo, não é esta "divisibilidade" exigida para que se utilize a licitação exclusiva. (...) o que importa não é a divisibilidade da pretensão contratual, mas do próprio objeto da licitação. Assim, na

---

[163] No âmbito federal, o Decreto nº 8.538/2015 regulamentou que, se a mesma empresa vencer a cota reservada e a cota principal, a contratação das cotas deverá ocorrer pelo menor preço (§3º do art. 8º).
[164] NIEBUHR. *Tratamento diferenciado e simplificado para microempresas e empresas de pequeno porte.*
[165] LIMA. *Lei Complementar nº 123/06*: aplicações.

hipótese de gêneros alimentícios, a cota exclusiva apenas poderia ser utilizada caso fosse possível a cisão do item, sem prejuízo à licitação.[166]

Registre-se que a LC nº 147 revogou a regra da LC nº 123, que limitava a adoção das licitações diferenciadas a 25% do total licitado em cada ano civil.

Uma questão importante: a cota de até 25% estaria limitada à importância de oitenta mil reais, prevista no inciso I do art. 48? O TCU entendeu que não, consoante expresso no Acórdão nº 1819/2018-Plenário.[167] A nosso ver, a Corte de Contas federal está equivocada. Como bem expôs Joel Niebuhr,

> o limite máximo é 25%, o mínimo quem define é a Administração. A dúvida, então, é como definir esse percentual. [...] (i) A licitação com cota reservada é uma espécie de licitação exclusiva. A palavra licitação significa competição, disputa. Na cota reservada, existe uma competição (licitação) exclusiva para microempresas e empresas de pequeno porte. Pode-se dizer que é uma licitação exclusiva dentro de uma licitação maior, que, no seu conjunto, ultrapassa o limite da licitação exclusiva do inc. I do art. 48 da Lei Complementar nº 123/06. Então, a lógica é que se reserve uma parte da licitação maior para competição (licitação) exclusiva entre microempresas e empresas de pequeno porte. Por consequência, a parte reservada deve guardar coerência com os limites da licitação exclusiva, que é de R$80.000,00. (ii) Nas duas figuras, licitação exclusiva e com cota reservada, o legislador admite que a Administração pague mais caro para beneficiar as microempresas e empresas de pequeno porte. No entanto, com foco no princípio da proporcionalidade, o legislador estabeleceu limites para os impactos à economicidade. A Administração paga mais caro, porém dentro de um espaço limitado. O espaço é o definido pelo inc. I do art. 48 da Lei Complementar nº 123/06 para as licitações exclusivas, de R$80.000,00. (iii) Se não fosse assim, haveria uma espécie de conflito de valores entre os critérios do legislador para a licitação exclusiva e para as com cota reservada. Seria contraditório estabelecer limite de R$80.000,00 para a licitação exclusiva e permitir que a cota reservada, que é uma espécie de licitação exclusiva, drague milhões, dezenas ou centenas de milhões de reais.[168]

---

[166] TORRES. *Lei de licitações públicas comentadas*. 12. ed.
[167] Acórdão nº 1819/2018 Plenário – Relator Ministro Walton Alencar Rodrigues: Licitação. Direito de preferência. Pequena empresa. Microempresa. Bens. Aquisição. Limite. A aplicação da cota de 25% destinada à contratação de microempresas e empresas de pequeno porte em certames para aquisição de bens de natureza divisível (art. 48, inciso III, da LC nº 123/2006) não está limitada à importância de oitenta mil reais, prevista no inciso I do mencionado artigo.
[168] NIEBUHR. *Licitação com cota reservada para microempresas e empresas de pequeno porte*.

Não obstante, seguindo o entendimento do TCU, no âmbito federal, a matéria foi uniformizada pela Advocacia-Geral da União, através do Parecer DECOR nº 21/2020, o qual concluiu que "Da legislação pátria atual, não é possível se inferir o limite de R$80.000,00 para as cotas reservadas à ME e EPP de até 25% do objeto da contratação em certames para aquisição de bens de natureza divisível (art. 48, inc. I e III, da LC nº 123/2006)".O art. 8º do Decreto nº 8.538/2015 regulamentou o dispositivo no âmbito federal:

> Art. 8º Nas licitações para a aquisição de bens de natureza divisível, e desde que não haja prejuízo para o conjunto ou o complexo do objeto, os órgãos e as entidades contratantes deverão reservar cota de até vinte e cinco por cento do objeto para a contratação de microempresas e empresas de pequeno porte.
> §1º O disposto neste artigo não impede a contratação das microempresas ou das empresas de pequeno porte na totalidade do objeto.
> §2º O instrumento convocatório deverá prever que, na hipótese de não haver vencedor para a cota reservada, esta poderá ser adjudicada ao vencedor da cota principal ou, diante de sua recusa, aos licitantes remanescentes, desde que pratiquem o preço do primeiro colocado da cota principal.
> §3º Se a mesma empresa vencer a cota reservada e a cota principal, a contratação das cotas deverá ocorrer pelo menor preço.

7.3 Benefícios estabelecendo prioridade para as contratações de micro e pequenas empresas locais

O §3º, inserido pela LC nº 147/2014, informa que os benefícios oferecidos neste art. 48 poderão, desde que justificadamente, estabelecer a prioridade de contratação para as microempresas e empresas de pequeno porte sediadas local ou regionalmente, até o limite de 10% do melhor preço válido.

Vê-se que o legislador, no afã de buscar incrementar a economia local, sob o pretexto de fomentar o desenvolvimento econômico e social no âmbito municipal e regional, admitiu um percentual que violenta o Princípio da Isonomia.

A questão já foi, inclusive, analisada pelo TCU, o qual observou que nas licitações exclusivas para pequenas empresas não se deve restringir o universo de participantes àquelas sediadas no estado em que estiver localizado o órgão ou a entidade licitante.[169]

---

[169] Acórdão nº 2957/2011-Plenário.

Vide que a própria Lei nº 14.133/2021 (Nova Lei de Licitações) veda, no seu art. 9º, o estabelecimento de preferências ou distinções em razão da naturalidade, da sede ou do domicílio dos licitantes.

> Art. 9º É vedado ao agente público designado para atuar na área de licitações e contratos, ressalvados os casos previstos em lei:
> I – admitir, prever, incluir ou tolerar, nos atos que praticar, situações que:
> (...)
> b) estabeleçam preferências ou distinções em razão da naturalidade, da sede ou do domicílio dos licitantes;

Avaliando o tema, Ronny Charles observa:

> Com a devida vênia, é falho o argumento de que ao admitir-se isso, nas licitações exclusivas para ME/EPP, restringindo que apenas possam participar do certame as locais, estar-se-ia prestigiando o desenvolvimento econômico e social no âmbito municipal e regional. Na prática, essa abertura à discriminação arbitrária pode induzir a que todos os municípios produzam regramento no mesmo sentido, gerando licitações exclusivas para ME/EPP locais em cada município desse país, o que, sem dúvida, vai gerar um protecionismo prejudicial à competitividade, acomodação das empresas locais e limitação ao crescimento das ME/EPPs, sem falar no potencial fomento à corrupção, beneficiada pela impactante redução à competitividade.[170]

Pelo sim pelo não, observa-se que, nos termos do preceptivo, é possível 'pagar mais caro' em até 10%, pelo fato de estar a micro ou pequena empresa sediada localmente, em relação a outra com preço inferior que não esteja sediada no município.

É o que sublinha Gilberto Bernardino de Oliveira Filho:

> Este benefício, frise-se, aplica-se às licitações diferenciadas e consiste na possibilidade, desde que justificadamente, de a Administração Pública estabelecer prioridade de contratação de pequena empresa sediada no local ou na região da instauração da licitação, que, embora não tenha ofertado o menor valor, tenha ofertado preço em até 10% do "melhor preço válido. (...) A título exemplificativo, suponha-se que uma ME/EPP que não é do local/região tenha ofertado o menor preço em R$100,00 e uma ME/EPP do local/região tenha apresentado valor de R$107,00. Esta última terá preferência na contratação, em detrimento da ME/EPP que não é da região e que ofereceu o melhor preço (*in casu*, R$100,00).

---

[170] TORRES. *Lei de licitações públicas comentadas*. 12. ed.

A justificativa para a adoção do benefício é justamente prestigiar as pequenas empresas da região, ou seja, favorecer o desenvolvimento econômico e social da localidade/região que se encontra a Administração.[171]

Sobre o tema, Cristiana Fortini:

Prioridade para o comércio local. Novidade bastante expressiva está na possibilidade de criar-se categoria privilegiada entre as ME/EPPs. Segundo o art. 48, §3º, da LC nº 123, poderá ser estabelecida prioridade de contratação para as microempresas e empresas de pequeno porte sediadas local ou regionalmente, até o limite de 10% (dez por cento) do melhor preço válido. Assim, caso se opte por privilegiar o comércio local, o que estaria afinado com os propósitos descritos no art. 48, o ato convocatório deverá prever o privilégio adicional que definirá, entre as ME/EPPs já agraciadas pelas regras do art. 48, aquela que, mesmo praticando preço superior, deve ser a contratada em apreço aos efeitos positivos decorrentes da valorização do comércio local ou regional.[172]

Na verdade, diga-se de passagem, o dispositivo legal não é suficiente para operacionalização do comando, pois não se sabe efetivamente o que seria "local" e "regional".

No âmbito federal, o Decreto nº 8.538/2015 disciplinou que se considera: (a) âmbito local – limites geográficos do município onde será executado o objeto da contratação (art. 1º, §2º, I); e (b) âmbito regional – limites geográficos do estado ou da região metropolitana, que podem envolver mesorregiões ou microrregiões, conforme definido pelo Instituto Brasileiro de Geografia e Estatística – IBGE (art. 1º, §2º, II), admitindo, contudo, a adoção de outro critério de definição em edital, desde que previsto em regulamento específico do órgão ou entidade contratante e que atenda aos objetivos de promover o desenvolvimento econômico e social no âmbito local e regional, ampliar a eficiência das políticas públicas e incentivar a inovação tecnológica (art. 1º, §3º).

Mais à frente, dispôs que a previsão de margem de preferência adicional de até dez por cento deverá ser justificada e gerará uma espécie de empate ficto favorável para as microempresas e empresas de pequeno porte locais ou regionais em detrimento das demais empresas, desde que a primeira colocada não pertença à mesma categoria jurídica (art. 9º).

---

[171] OLIVEIRA FILHO. *Consulta nº 00521/2019*.
[172] FORTINI. *Licitações Diferenciadas*: arts. 47 a 49 da Lei Complementar nº 123/2006 e arts. 6º a 10 do Decreto Federal nº 8.538/2015.

Art. 9º Para aplicação dos benefícios previstos nos arts. 6º a 8º:

(...)

II – poderá ser concedida, justificadamente, prioridade de contratação de microempresas e empresas de pequeno porte sediadas local ou regionalmente, até o limite de dez por cento do melhor preço válido, nos seguintes termos:

a) aplica-se o disposto neste inciso nas situações em que as ofertas apresentadas pelas microempresas e empresas de pequeno porte sediadas local ou regionalmente sejam iguais ou até dez por cento superiores ao menor preço;

b) a microempresa ou a empresa de pequeno porte sediada local ou regionalmente melhor classificada poderá apresentar proposta de preço inferior àquela considerada vencedora da licitação, situação em que será adjudicado o objeto em seu favor;

c) na hipótese da não contratação da microempresa ou da empresa de pequeno porte sediada local ou regionalmente com base na alínea "b", serão convocadas as remanescentes que porventura se enquadrem na situação da alínea "a", na ordem classificatória, para o exercício do mesmo direito;

d) no caso de equivalência dos valores apresentados pelas microempresas e empresas de pequeno porte sediadas local ou regionalmente, será realizado sorteio entre elas para que se identifique aquela que primeiro poderá apresentar melhor oferta;

e) nas licitações a que se refere o art. 8º, a prioridade será aplicada apenas na cota reservada para contratação exclusiva de microempresas e empresas de pequeno porte;

f) nas licitações com exigência de subcontratação, a prioridade de contratação prevista neste inciso somente será aplicada se o licitante for microempresa ou empresa de pequeno porte sediada local ou regionalmente ou for um consórcio ou uma sociedade de propósito específico formada exclusivamente por microempresas e empresas de pequeno porte sediadas local ou regionalmente;

g) quando houver propostas beneficiadas com as margens de preferência para produto nacional em relação ao produto estrangeiro previstas no art. 3º da Lei nº 8.666, de 1993, a prioridade de contratação prevista neste artigo será aplicada exclusivamente entre as propostas que fizerem jus às margens de preferência, de acordo com os Decretos de aplicação das margens de preferência, observado o limite de vinte e cinco por cento estabelecido pela Lei nº 8.666, de 1993; e

h) a aplicação do benefício previsto neste inciso e do percentual da prioridade adotado, limitado a dez por cento, deverá ser motivada, nos termos dos arts. 47 e 48, §3º, da Lei Complementar nº 123, de 2006.

Cabe registrar que esta regulamentação, também adotada em alguns estados, tem merecido severas reprimendas, por se desvirtuar da intenção legal.

É o que observam, por exemplo, Luciano Elias Reis e Luiz Alberto Blanchet:

> Para o Decreto regulamentador, a margem de preferência adicional enseja um "empate ficto", e não propriamente um benefício de preferência, isto porque a ME/EPP local ou regional deverá formular uma nova proposta que seja mais vantajosa do que a que está em primeiro lugar. Caso ela não diminua o seu valor nominalmente, não será considerada primeira colocada e não passará à fase de habilitação no caso de pregão ou não se sagrará vencedora no caso das modalidades da Lei nº 8.666/1993. (...) a margem de preferência adicional de até dez por cento deve ser encarada como um benefício direto e autoaplicável às microempresas e empresas de pequeno porte que estejam dentro do percentual estipulado no edital, e não como um direito a empate ficto como nefastamente foi regulamentado. Caso no julgamento da proposta não esteja em primeiro lugar uma ME/EPP local ou regional e haja previsão de margem de preferência adicional, a ME/EPP local ou regional dentro do percentual será classificada em primeiro lugar, ainda que numericamente (financeiramente) não esteja à frente da outra. (...) verifica-se que a regulamentação do artigo 9º, inciso II, do Decreto Federal nº 8.538/2015 está em total descompasso ao caráter desenvolvimentista da política regulatória das microempresas e empresas de pequeno porte por intermédio das licitações e dos contratos, já que obstaculiza o desenvolvimento nacional e a diminuição das desigualdades regionais e locais ao mutilar o direito de preferência das microempresas e empresas de pequeno porte locais e regionais a um critério de empate ficto. Via de consequência, está negando aplicabilidade às opções do legislador quando redigiu os artigos 47 e 48 da Lei Complementar nº 123/2006, após atualização pela Lei Complementar nº 147/2014.[173]

---

[173] REIS; BLANCHET. *Margem de preferência para microempresas e empresas de pequeno porte local e regional*: uma estratégia de regulação estatal desenvolvimentista.

ART. 49 DA LC Nº 123/06
(COM REDAÇÃO DADA PELA LC Nº 147/2014)

Art. 49. Não se aplica o disposto nos arts. 47 e 48 desta Lei Complementar quando:
I – REVOGADO
II – não houver um mínimo de 3 (três) fornecedores competitivos enquadrados como microempresas ou empresas de pequeno porte sediados local ou regionalmente e capazes de cumprir as exigências estabelecidas no instrumento convocatório;
III – o tratamento diferenciado e simplificado para as microempresas e empresas de pequeno porte não for vantajoso para a administração pública ou representar prejuízo ao conjunto ou complexo do objeto a ser contratado;
IV – a licitação for dispensável ou inexigível, nos termos dos arts. 24 e 25 da Lei nº 8.666, de 21 de junho de 1993, excetuando-se as dispensas tratadas pelos incisos I e II do art. 24 da mesma Lei, nas quais a compra deverá ser feita preferencialmente de microempresas e empresas de pequeno porte, aplicando-se o disposto no inciso I do art. 48. (Redação dada pela Lei Complementar nº 147/2014)

8 Vedações ao tratamento diferenciado

O art. 49 elenca condições de exclusão da incidência dos tratamentos diferenciados expostos nos artigos 47 e 48.

8.1 Inexistência do número mínimo de 3 (três) fornecedores competitivos enquadrados como micro ou pequenas empresas no local (inciso II do art. 49)

A primeira condição de exclusão de incidência causa surpresa, pois, ao contrário de todo o alcance protecionista que envolve os dispositivos anteriores, limita os privilégios das micro e pequenas empresas nas licitações, uma vez que proíbe a adoção das regras de tratamento diferenciado na inexistência de um mínimo de três "fornecedores competitivos" enquadrados como micro ou pequenas empresas, sediados no local ou na região, em condições de cumprir as exigências do edital. Avista-se que a intenção legislativa é certificar-se da ocorrência de efetiva competição entre micro e pequenas empresas. Dessa maneira, a inexistência desse número de empresas dessa categoria demandará a substituição do regime de licitação diferenciada pelo de licitação comum, com a participação de todos os tipos de empresa (micro, pequena, média ou grande).[174] Ronny Charles observa que, interessantemente, o legislador não vinculou o número mínimo de três fornecedores competitivos à participação no certame, mas à capacidade de cumprimento das exigências estabelecidas no instrumento convocatório, o que, em tese, "parece permitir a utilização das regras excludentes e limitadoras da competitividade (...), mesmo que não exista interesse de tais microempresas capazes, em participar da competição, deixando de apresentar propostas".[175]

Certamente, entretanto, como obtempera o jurista, a regra deve ser entendida com o fito de promover a competitividade, não bastando a mera existência de empresas aptas, mas sim, a efetiva participação na competição.

Contudo, a regra não se resolve por si só, diante de dúvidas suscitadas quanto à expressão "sediados no local ou regionalmente".

Anacleto Santos defende a compreensão para além da acepção territorial, especialmente por força da existência do pregão eletrônico, sustentando que, no caso, a Administração somente estará autorizada a afastar o tratamento diferenciado se, motivadamente, restar demonstrada a inviabilidade material ou técnica de execução do objeto por micro ou pequena empresa estabelecida em outro local ou região, distante, pois, daquele no qual está sediado o ente licitador.[176]

8.2 Situação desvantajosa para a Administração Pública ou prejudicial ao conjunto do objeto a ser contratado (inciso III do art. 49)

A segunda condição de exclusão de incidência constitui-se na proibição de tratamento diferenciado às micro e pequenas empresas, caso tal concessão não seja vantajosa para a Administração Pública ou represente prejuízo ao conjunto ou complexo do objeto a ser contratado. Em outras palavras, o dispositivo veda a instauração de licitação diferenciada em duas hipóteses distintas:

---

[174] O inciso mereceu rasgados elogios de Ivan Rigolin: "Este – alvíssaras! – é um bom dispositivo, pois que limita os privilégios das micro e das pequenas empresas nas licitações, e quanto a esse ponto as assemelha às demais empresas" (RIGOLIN; BOTTINO. *Manual prático das licitações*. 7. ed.).
[175] TORRES. *Leis de licitações públicas comentadas*. 2. ed.
[176] SANTOS. *Licitações e o estatuto da microempresa e empresa de pequeno porte*.

a) quando, na avaliação da Administração, a competição nesses moldes tornar-se dispendiosa para a Administração; e
b) quando a adoção comprometer o conjunto ou o complexo pretendido, em face, por exemplo, da pluralidade de executores.

8.2.1 Quando a competição for dispendiosa para a Administração

Não há dúvidas que essa primeira hipótese, na prática, será imensamente difícil de ser demonstrada. A regra carrega grande contrassenso, pois conflita com o espírito da própria Lei Complementar. Ora, se se admite um tratamento diferenciado para micro e pequenas empresas nas licitações – fundamentando-se no reconhecimento de que as micro e pequenas empresas não possuem condições para competir com empresas de médio e grande porte –, descabida é a ideia de que a contratação de uma empresa não enquadrada poderia ser mais vantajosa para a Administração e que, com isso, justificar-se-ia a não instauração da licitação sob o regime diferenciado.

8.2.2 Quando a competição comprometer o conjunto ou o complexo pretendido

Sobre essa hipótese, já expusemos nos comentários referentes ao regime de cota que, sendo os bens pretendidos de natureza divisível, a adoção de regime diferenciado só será factível quando não demandar prejuízo ao conjunto do objeto licitado.

8.3 Licitação dispensável ou inexigível (inciso IV do art. 49)

A quarta e última condição de exclusão de incidência está atrelada aos afastamentos de procedimentos licitatórios previstos nos artigos 24 e 25 da Lei nº 8.666/1993, que versam sobre licitação dispensável e inexigível. São as conhecidas "contratações diretas", hoje registradas nos CAPÍTULO VIII – DA CONTRATAÇÃO DIRETA da Nova Lei de Licitações (Lei nº 14.133/2021), nos arts. 72 a 75. Anote-se que a disposição é válida para as contratações diretas realizadas com fulcro na Lei nº 14.133/2021, conforme informa preventivamente o seu art. 189, que sinaliza a aplicação da nova lei às hipóteses previstas na legislação que façam referência expressa à Lei nº 8.666/1993.[177] Contudo, a nosso ver, o regramento é inútil, uma vez que está completamente destituído de sentido.

Dispõe o dispositivo pela não aplicação do tratamento diferenciado para as microempresas e pequenas empresas, quando da ocorrência de dispensabilidade ou inexigibilidade licitatória. Ora, isso é evidente, porquanto se está tratando de não instauração de licitação em situações específicas que a lei autoriza, as quais, devidamente listadas e motivadas pela Administração em processo administrativo próprio, inviabilizarão a competição.

Cremos que a intenção do legislador – com enorme boa vontade interpretativa – foi a de afastar a possibilidade de se pretender estender a aplicação das regras de proteção às hipóteses de contratação direta do art. 24 da Lei nº 8.666/1993 (dispensabilidade) – (atualmente, art. 76 da Lei nº 14.133/2021) –, já que, nesses casos, o agente público responsável está apenas desobrigado a licitar, mas não proibido.

Quanto às situações de inviabilidade de competição (inexigibilidade) – art. 25 da Lei nº 8.666/1993/art. 74 da Lei nº 14.133/2021 – evidencia-se, por óbvias razões, que a licitação diferenciada é descabida, assim como a instauração de qualquer certame licitatório.

A LC nº 147/2014 inseriu uma exceção no inciso: as dispensas tratadas pelos incs. I e II do art. 24 da Lei nº 8.666/1993, que circunscrevem as contratações diretas em função dos baixos valores dos objetos pretendidos pela Administração.

Nesses, segundo preconizado, a compra deverá ser feita preferencialmente de microempresas e empresas de pequeno porte, aplicando-se o disposto no inc. I do art. 48, que sinaliza a realização de processo licitatório destinado exclusivamente à participação de microempresas e empresas de pequeno porte.

---

[177] Art. 189. Aplica-se esta Lei às hipóteses previstas na legislação que façam referência expressa à Lei nº 8.666, de 21 de junho de 1993, à Lei nº 10.520, de 17 de julho de 2002, e aos arts. 1º a 47-A da Lei nº 12.462, de 4 de agosto de 2011.

LEGISLAÇÃO

Constituição da República Federativa do Brasil de 1988: Excertos

(DOU, 5.10.1988)

Art. 146. Cabe à lei complementar: (...)
III – estabelecer normas gerais em matéria de legislação tributária, especialmente sobre: (...)
d) definição de tratamento diferenciado e favorecido para as microempresas e para as empresas de pequeno porte, inclusive regimes especiais ou simplificados no caso do imposto previsto no art. 155, II, das contribuições previstas no art. 195, I e §§12 e 13, e da contribuição a que se refere o art. 239. (Incluído pela Emenda Constitucional nº 42, de 19.12.2003)

(...)

Art. 170. A ordem econômica, fundada na valorização do trabalho humano e na livre iniciativa, tem por fim assegurar a todos existência digna, conforme os ditames da justiça social, observados os seguintes princípios: (...)
IX – tratamento favorecido para as empresas de pequeno porte constituídas sob as leis brasileiras e que tenham sua sede e administração no País.[1] (Redação dada pela Emenda Constitucional nº 6, de 1995)

(...)

Art. 179. A União, os Estados, o Distrito Federal e os Municípios dispensarão às microempresas e às empresas de pequeno porte, assim definidas em lei, tratamento jurídico diferenciado, visando a incentivá-las pela simplificação de suas obrigações administrativas, tributárias, previdenciárias e creditícias, ou pela eliminação ou redução destas por meio de lei.

---

[1] O texto original dispunha: "IX – tratamento favorecido para as empresas brasileiras de capital nacional de pequeno porte".

Lei Complementar nº 123, de 14 de dezembro de 2006: Excertos

(DOU, 15.12.2006; rep. 31.1.2009)

Capítulo I
DISPOSIÇÕES PRELIMINARES

Art. 1º Esta Lei Complementar estabelece normas gerais relativas ao tratamento diferenciado e favorecido a ser dispensado às microempresas e empresas de pequeno porte no âmbito dos Poderes da União, dos Estados, do Distrito Federal e dos Municípios, especialmente no que se refere:

(...)

III – ao acesso a crédito e ao mercado, inclusive quanto à preferência nas aquisições de bens e serviços pelos Poderes Públicos, à tecnologia, ao associativismo e às regras de inclusão.

(...)

Capítulo II
DA DEFINIÇÃO DE MICROEMPRESA E DE EMPRESA DE PEQUENO PORTE

Art. 3º Para os efeitos desta Lei Complementar, consideram-se microempresas ou empresas de pequeno porte a sociedade empresária, a sociedade simples e o empresário a que se refere o art. 966 da Lei nº 10.406, de 10 de janeiro de 2002, devidamente registrados no Registro de Empresas Mercantis ou no Registro Civil de Pessoas Jurídicas, conforme o caso, desde que:

I – no caso das microempresas, o empresário, a pessoa jurídica, ou a ela equiparada, aufira, em cada ano-calendário, receita bruta igual ou inferior a R$240.000,00 (duzentos e quarenta mil reais);

II – no caso de empresa de pequeno porte, aufira, em cada ano-calendário, receita bruta superior a R$360.000,00 (trezentos e sessenta mil reais) e igual ou inferior a R$4.800.000,00 (quatro milhões e oitocentos mil reais). (Redação dada pela Lei Complementar nº 155, de 2016)

§1º Considera-se receita bruta, para fins do disposto no caput deste artigo, o produto da venda de bens e serviços nas operações de conta própria, o preço dos serviços prestados e o resultado nas operações em conta alheia, não incluídas as vendas canceladas e os descontos incondicionais concedidos.

§2º No caso de início de atividade no próprio ano-calendário, o limite a que se refere o caput deste artigo será proporcional ao número de meses em que a microempresa ou a empresa de pequeno porte houver exercido atividade, inclusive as frações de meses.

§3º O enquadramento do empresário ou da sociedade simples ou empresária como microempresa ou empresa de pequeno porte bem como o seu desenquadramento não implicarão alteração, denúncia ou qualquer restrição em relação a contratos por elas anteriormente firmados.

§4º Não poderá se beneficiar do tratamento jurídico diferenciado previsto nesta Lei Complementar, incluído o regime de que trata o art. 12 desta Lei Complementar, para nenhum efeito legal, a pessoa jurídica:

I – de cujo capital participe outra pessoa jurídica;

II – que seja filial, sucursal, agência ou representação, no País, de pessoa jurídica com sede no exterior;

III – de cujo capital participe pessoa física que seja inscrita como empresário ou seja sócia de outra empresa que receba tratamento jurídico diferenciado nos termos desta Lei Complementar, desde que a receita bruta global ultrapasse o limite de que trata o inciso II do caput deste artigo;

IV – cujo titular ou sócio participe com mais de 10% (dez por cento) do capital de outra empresa não beneficiada por esta Lei Complementar, desde que a receita bruta global ultrapasse o limite de que trata o inciso II do caput deste artigo;

V – cujo sócio ou titular seja administrador ou equiparado de outra pessoa jurídica com fins lucrativos, desde que a receita bruta global ultrapasse o limite de que trata o inciso II do caput deste artigo;

VI – constituída sob a forma de cooperativas, salvo as de consumo;

VII – que participe do capital de outra pessoa jurídica;

VIII – que exerça atividade de banco comercial, de investimentos e de desenvolvimento, de caixa econômica, de sociedade de crédito, financiamento e investimento ou de crédito imobiliário, de corretora ou de distribuidora de títulos, valores mobiliários e câmbio, de empresa de arrendamento mercantil, de seguros privados e de capitalização ou de previdência complementar;

IX – resultante ou remanescente de cisão ou qualquer outra forma de desmembramento de pessoa jurídica que tenha ocorrido em um dos 5 (cinco) anos-calendário anteriores;

X – constituída sob a forma de sociedade por ações.

XI – cujos titulares ou sócios guardem, cumulativamente, com o contratante do serviço, relação de pessoalidade, subordinação e habitualidade. (Incluído pela Lei Complementar nº 147, de 2014)

§5º O disposto nos incisos IV e VII do §4º deste artigo não se aplica à participação no capital de cooperativas de crédito, bem como em centrais de compras, bolsas de subcontratação, no consórcio referido no art. 50 desta Lei Complementar e na sociedade de propósito específico prevista no art. 56 desta Lei Complementar, e em associações assemelhadas, sociedades de interesse econômico, sociedades de garantia solidária e outros tipos de sociedade, que tenham como objetivo social a defesa exclusiva dos interesses econômicos das microempresas e empresas de pequeno porte.

§6º Na hipótese de a microempresa ou empresa de pequeno porte incorrer em alguma das situações previstas nos incisos do §4º deste artigo, será excluída do regime de que trata esta Lei Complementar, com efeitos a partir do mês seguinte ao que incorrida a situação impeditiva.

§7º Observado o disposto no §2º deste artigo, no caso de início de atividades, a microempresa que, no ano-calendário, exceder o limite de receita bruta anual previsto no inciso I do caput deste artigo passa, no ano-calendário seguinte, à condição de empresa de pequeno porte.

§8º Observado o disposto no §2º deste artigo, no caso de início de atividades, a empresa de pequeno porte que, no ano-calendário, não ultrapassar o limite de receita bruta anual previsto no inciso I do caput deste artigo passa, no ano-calendário seguinte, à condição de microempresa.

§9º A empresa de pequeno porte que, no ano-calendário, exceder o limite de receita bruta anual previsto no inciso II do caput deste artigo fica excluída, no ano-calendário seguinte, do regime diferenciado e favorecido previsto por esta Lei Complementar para todos os efeitos legais.

§10. A microempresa e a empresa de pequeno porte que no decurso do ano-calendário de início de atividade ultrapassarem o limite de R$200.000,00 (duzentos mil reais) multiplicados pelo número de meses de funcionamento nesse período estarão excluídas do regime desta Lei Complementar, com efeitos retroativos ao início de suas atividades.

§11. Na hipótese de o Distrito Federal, os Estados e seus respectivos Municípios adotarem o disposto nos incisos I e II do caput do art. 19 e no art. 20 desta Lei Complementar, caso a receita bruta auferida durante o ano-calendário de início de atividade ultrapasse o limite de R$100.000,00 (cem mil reais) ou R$150.000,00 (cento e cinquenta mil reais), respectivamente, multiplicados pelo número de meses de funcionamento nesse período, estará excluída do regime tributário previsto nesta Lei Complementar em relação ao pagamento dos tributos estaduais e municipais, com efeitos retroativos ao início de suas atividades.

§12. A exclusão do regime desta Lei Complementar de que tratam os §§10 e 11 deste artigo não retroagirá ao início das atividades se o excesso verificado em relação à receita bruta não for superior a 20% (vinte por cento) dos respectivos limites referidos naqueles parágrafos, hipóteses em que os efeitos da exclusão dar-se-ão no ano-calendário subsequente.

§13. O impedimento de que trata o §11 não retroagirá ao início das atividades se o excesso verificado em relação à receita bruta não for superior a 20% (vinte por cento) dos respectivos limites referidos naquele parágrafo, hipótese em que os efeitos do impedimento ocorrerão no ano-calendário subsequente.

§14. Para fins de enquadramento como microempresa ou empresa de pequeno porte, poderão ser auferidas receitas no mercado interno até o limite previsto no inciso II do caput ou no §2º, conforme o caso, e, adicionalmente, receitas decorrentes da exportação de mercadorias ou serviços, inclusive quando realizada por meio de comercial exportadora ou da sociedade de propósito específico prevista no art. 56 desta Lei Complementar, desde que as receitas de exportação também não excedam os referidos limites de receita bruta anual. (Redação dada pela Lei Complementar nº 147, de 2014)

§15. Na hipótese do §14, para fins de determinação da alíquota de que trata o §1º do art. 18, da base de cálculo prevista em seu §3º e das majorações de alíquotas previstas em seus §§16, 16-A, 17 e 17-A, serão consideradas separadamente as receitas brutas auferidas no mercado interno e aquelas decorrentes da exportação. (Redação dada pela Lei Complementar nº 147, de 2014)

§16. O disposto neste artigo será regulamentado por resolução do CGSN. (Incluído pela Lei Complementar nº 147, de 2014)

§17. (VETADO).

§18. (VETADO).

Art. 3º-A. Aplica-se ao produtor rural pessoa física e ao agricultor familiar conceituado na Lei nº 11.326, de 24 de julho de 2006, com situação regular na Previdência Social e no Município que tenham auferido receita bruta anual até o limite de que trata o inciso II do caput do art. 3º o disposto nos arts. 6º e 7º, nos Capítulos V a X, na Seção IV do Capítulo XI e no Capítulo XII desta Lei Complementar, ressalvadas as disposições da Lei no 11.718, de 20 de junho de 2008. (Incluído pela Lei Complementar nº 147, de 2014)

Parágrafo único. A equiparação de que trata o caput não se aplica às disposições do Capítulo IV desta Lei Complementar. (Incluído pela Lei Complementar nº 147, de 2014)

Art. 3º-B. Os dispositivos desta Lei Complementar, com exceção dos dispostos no Capítulo IV, são aplicáveis a todas as microempresas e empresas de pequeno porte, assim definidas pelos incisos I e II do caput e §4º do art. 3º, ainda que não enquadradas no regime tributário do Simples Nacional, por vedação ou por opção. (Incluído pela Lei Complementar nº 147, de 2014)

(...)

Capítulo V
DO ACESSO AOS MERCADOS

Seção única
Das Aquisições Públicas

Art. 42. Nas licitações públicas, a comprovação de regularidade fiscal e trabalhista das microempresas e das empresas de pequeno porte somente será exigida para efeito de assinatura do contrato. (Redação dada pela Lei Complementar nº 155, de 2016)

Art. 43. As microempresas e as empresas de pequeno porte, por ocasião da participação em certames licitatórios, deverão apresentar toda a documentação exigida para efeito de comprovação de regularidade fiscal e trabalhista, mesmo que esta apresente alguma restrição. (Redação dada pela Lei Complementar nº 155, de 2016)
§1º Havendo alguma restrição na comprovação da regularidade fiscal e trabalhista, será assegurado o prazo de cinco dias úteis, cujo termo inicial corresponderá ao momento em que o proponente for declarado vencedor do certame, prorrogável por igual período, a critério da administração pública, para regularização da documentação, para pagamento ou parcelamento do débito e para emissão de eventuais certidões negativas ou positivas com efeito de certidão negativa. (Redação dada pela Lei Complementar nº 155, de 2016)
§2º A não-regularização da documentação, no prazo previsto no §1º deste artigo, implicará decadência do direito à contratação, sem prejuízo das sanções previstas no art. 81 da Lei no 8.666, de 21 de junho de 1993, sendo facultado à Administração convocar os licitantes remanescentes, na ordem de classificação, para a assinatura do contrato, ou revogar a licitação.

Art. 44. Nas licitações será assegurada, como critério de desempate, preferência de contratação para as microempresas e empresas de pequeno porte.
§1º Entende-se por empate aquelas situações em que as propostas apresentadas pelas microempresas e empresas de pequeno porte sejam iguais ou até 10% (dez por cento) superiores à proposta mais bem classificada.
§2º Na modalidade de pregão, o intervalo percentual estabelecido no §1º deste artigo será de até 5% (cinco por cento) superior ao melhor preço.

Art. 45. Para efeito do disposto no art. 44 desta Lei Complementar, ocorrendo o empate, proceder-se-á da seguinte forma:
I – a microempresa ou empresa de pequeno porte mais bem classificada poderá apresentar proposta de preço inferior àquela considerada vencedora do certame, situação em que será adjudicado em seu favor o objeto licitado;

II – não ocorrendo a contratação da microempresa ou empresa de pequeno porte, na forma do inciso I do caput deste artigo, serão convocadas as remanescentes que porventura se enquadrem na hipótese dos §§1º e 2º do art. 44 desta Lei Complementar, na ordem classificatória, para o exercício do mesmo direito;

III – no caso de equivalência dos valores apresentados pelas microempresas e empresas de pequeno porte que se encontrem nos intervalos estabelecidos nos §§1º e 2º do art. 44 desta Lei Complementar, será realizado sorteio entre elas para que se identifique aquela que primeiro poderá apresentar melhor oferta.

§1º Na hipótese da não-contratação nos termos previstos no caput deste artigo, o objeto licitado será adjudicado em favor da proposta originalmente vencedora do certame.

§2º O disposto neste artigo somente se aplicará quando a melhor oferta inicial não tiver sido apresentada por microempresa ou empresa de pequeno porte.

§3º No caso de pregão, a microempresa ou empresa de pequeno porte mais bem classificada será convocada para apresentar nova proposta no prazo máximo de 5 (cinco) minutos após o encerramento dos lances, sob pena de preclusão.

Art. 46. A microempresa e a empresa de pequeno porte titular de direitos creditórios decorrentes de empenhos liquidados por órgãos e entidades da União, Estados, Distrito Federal e Município não pagos em até 30 (trinta) dias contados da data de liquidação poderão emitir cédula de crédito microempresarial.

Art. 47. Nas contratações públicas da administração direta e indireta, autárquica e fundacional, federal, estadual e municipal, deverá ser concedido tratamento diferenciado e simplificado para as microempresas e empresas de pequeno porte objetivando a promoção do desenvolvimento econômico e social no âmbito municipal e regional, a ampliação da eficiência das políticas públicas e o incentivo à inovação tecnológica. (Redação dada pela Lei Complementar nº 147, de 2014)
Parágrafo único. No que diz respeito às compras públicas, enquanto não sobrevier legislação estadual, municipal ou regulamento específico de cada órgão mais favorável à microempresa e empresa de pequeno porte, aplica-se a legislação federal. (Incluído pela Lei Complementar nº 147, de 2014)
Art. 48. Para o cumprimento do disposto no art. 47 desta Lei Complementar, a administração pública: (Redação dada pela Lei Complementar nº 147, de 2014)
I – deverá realizar processo licitatório destinado exclusivamente à participação de microempresas e empresas de pequeno porte nos itens de contratação cujo valor seja de até R$80.000,00 (oitenta mil reais); (Redação dada pela Lei Complementar nº 147, de 2014)
II – poderá, em relação aos processos licitatórios destinados à aquisição de obras e serviços, exigir dos licitantes a subcontratação de microempresa ou empresa de pequeno porte; (Redação dada pela Lei Complementar nº 147, de 2014)

III – deverá estabelecer, em certames para aquisição de bens de natureza divisível, cota de até 25% (vinte e cinco por cento) do objeto para a contratação de microempresas e empresas de pequeno porte. (Redação dada pela Lei Complementar nº 147, de 2014)
§1º (Revogado).
§2º Na hipótese do inciso II do caput deste artigo, os empenhos e pagamentos do órgão ou entidade da administração pública poderão ser destinados diretamente às microempresas e empresas de pequeno porte subcontratadas.
§3º Os benefícios referidos no caput deste artigo poderão, justificadamente, estabelecer a prioridade de contratação para as microempresas e empresas de pequeno porte sediadas local ou regionalmente, até o limite de 10% (dez por cento) do melhor preço válido. (Incluído pela Lei Complementar nº 147, de 2014)

Art. 49. Não se aplica o disposto nos arts. 47 e 48 desta Lei Complementar quando:
I – (Revogado);
II – não houver um mínimo de 3 (três) fornecedores competitivos enquadrados como microempresas ou empresas de pequeno porte sediados local ou regionalmente e capazes de cumprir as exigências estabelecidas no instrumento convocatório;
III – o tratamento diferenciado e simplificado para as microempresas e empresas de pequeno porte não for vantajoso para a administração pública ou representar prejuízo ao conjunto ou complexo do objeto a ser contratado;
IV – a licitação for dispensável ou inexigível, nos termos dos arts. 24 e 25 da Lei nº 8.666, de 21 de junho de 1993, excetuando-se as dispensas tratadas pelos incisos I e II do art. 24 da mesma Lei, nas quais a compra deverá ser feita preferencialmente de microempresas e empresas de pequeno porte, aplicando-se o disposto no inciso I do art. 48. (Redação dada pela Lei Complementar nº 147, de 2014)

Decreto nº 8.538, de 6 de outubro de 2015

(*DOU*, 5.10.2015 – retificado em 21.10.2015)

> *Regulamenta o tratamento favorecido, diferenciado e simplificado para microempresas, empresas de pequeno porte, agricultores familiares, produtores rurais pessoa física, microempreendedores individuais e sociedades cooperativas nas contratações públicas de bens, serviços e obras no âmbito da administração pública federal. (Redação dada pelo Decreto nº 10273, de 2020)*

A PRESIDENTA DA REPÚBLICA, no uso da atribuição que lhe confere o art. 84, caput, inciso IV, da Constituição, e tendo em vista o disposto nos arts. 42 a 45 e arts. 47 a 49 da Lei Complementar nº 123, de 14 de dezembro de 2006, DECRETA:

Art. 1º Nas contratações públicas de bens, serviços e obras, deverá ser concedido tratamento favorecido, diferenciado e simplificado para microempresas e empresas de pequeno porte, agricultor familiar, produtor rural pessoa física, microempreendedor individual – MEI e sociedades cooperativas, nos termos do disposto neste Decreto, com objetivo de: (Redação dada pelo Decreto nº 10.273, de 2020)
I – promover o desenvolvimento econômico e social no âmbito local e regional;
II – ampliar a eficiência das políticas públicas; e
III – incentivar a inovação tecnológica.
§1º Subordinam-se ao disposto neste Decreto, além dos órgãos da administração pública federal direta, os fundos especiais, as autarquias, as fundações públicas, as empresas públicas, as sociedades de economia mista e as demais entidades controladas direta ou indiretamente pela União.
§2º Para efeitos deste Decreto, considera-se:
I – âmbito local – limites geográficos do Município onde será executado o objeto da contratação;

II – âmbito regional – limites geográficos do Estado ou da região metropolitana, que podem envolver mesorregiões ou microrregiões, conforme definido pelo Instituto Brasileiro de Geografia e Estatística – IBGE; e

III – microempresas e empresas de pequeno porte – os beneficiados pela Lei Complementar nº 123, de 14 de dezembro de 2006, nos termos do inciso I do caput do art. 13.

§3º Admite-se a adoção de outro critério de definição de âmbito local e regional, justificadamente, em edital, desde que previsto em regulamento específico do órgão ou entidade contratante e que atenda aos objetivos previstos no art. 1º.

§4º Para fins do disposto neste Decreto, serão beneficiados pelo tratamento favorecido apenas o produtor rural pessoa física e o agricultor familiar conceituado na Lei nº 11.326, de 24 de julho de 2006, que estejam em situação regular junto à Previdência Social e ao Município e tenham auferido receita bruta anual até o limite de que trata o inciso II do caput do art. 3º da Lei Complementar nº 123, de 2006.

Art. 2º Para a ampliação da participação das microempresas e empresas de pequeno porte nas licitações, os órgãos ou as entidades contratantes deverão, sempre que possível:

I – instituir cadastro próprio, de acesso livre, ou adequar os eventuais cadastros existentes, para identificar as microempresas e empresas de pequeno porte sediadas regionalmente, juntamente com suas linhas de fornecimento, de modo a possibilitar a notificação das licitações e facilitar a formação de parcerias e as subcontratações;

II – padronizar e divulgar as especificações dos bens, serviços e obras contratados, de modo a orientar as microempresas e empresas de pequeno porte para que adequem os seus processos produtivos;

III – na definição do objeto da contratação, não utilizar especificações que restrinjam, injustificadamente, a participação das microempresas e empresas de pequeno porte sediadas regionalmente;

IV – considerar, na construção de itens, grupos ou lotes da licitação, a oferta local ou regional dos bens e serviços a serem contratados; e

V – disponibilizar informações no sítio eletrônico oficial do órgão ou da entidade contratante sobre regras para participação nas licitações e cadastramento e prazos, regras e condições usuais de pagamento.

Parágrafo único. O disposto nos incisos I e II do caput poderá ser realizado de forma centralizada para os órgãos e as entidades integrantes do Sistema de Serviços Gerais – SISG e conveniados, conforme o disposto no Decreto nº 1.094, de 23 de março de 1994.

Art. 3º Na habilitação em licitações para o fornecimento de bens para pronta entrega ou para a locação de materiais, não será exigida da microempresa ou da empresa de pequeno porte a apresentação de balanço patrimonial do último exercício social.

Art. 4º A comprovação de regularidade fiscal das microempresas e empresas de pequeno porte somente será exigida para efeito de contratação, e não como condição para participação na licitação.

§1º Na hipótese de haver alguma restrição relativa à regularidade fiscal quando da comprovação de que trata o caput, será assegurado prazo de cinco dias úteis, prorrogável por igual período, para a regularização da documentação, a realização do pagamento ou parcelamento do débito e a emissão de eventuais certidões negativas ou positivas com efeito de certidão negativa.

§2º Para aplicação do disposto no §1º, o prazo para regularização fiscal será contado a partir:

I – da divulgação do resultado da fase de habilitação, na licitação na modalidade pregão e nas regidas pelo Regime Diferenciado de Contratações Públicas sem inversão de fases; ou

II – da divulgação do resultado do julgamento das propostas, nas modalidades de licitação previstas na Lei nº 8.666, de 21 de junho de 1993, e nas regidas pelo Regime Diferenciado de Contratações Públicas com a inversão de fases.

§3º A prorrogação do prazo previsto no §1º poderá ser concedida, a critério da administração pública, quando requerida pelo licitante, mediante apresentação de justificativa.

§4º A abertura da fase recursal em relação ao resultado do certame ocorrerá após os prazos de regularização fiscal de que tratam os §§1º e 3º.

§5º A não regularização da documentação no prazo previsto nos §§1º e 3º implicará decadência do direito à contratação, sem prejuízo das sanções previstas no art. 87 da Lei nº 8.666, de 1993, sendo facultado à administração pública convocar os licitantes remanescentes, na ordem de classificação, ou revogar a licitação.

Art. 5º Nas licitações, será assegurada, como critério de desempate, preferência de contratação para as microempresas e empresas de pequeno porte.

§1º Entende-se haver empate quando as ofertas apresentadas pelas microempresas e empresas de pequeno porte sejam iguais ou até dez por cento superiores ao menor preço, ressalvado o disposto no §2º.

§2º Na modalidade de pregão, entende-se haver empate quando as ofertas apresentadas pelas microempresas e empresas de pequeno porte sejam iguais ou até cinco por cento superiores ao menor preço.

§3º O disposto neste artigo somente se aplicará quando a melhor oferta válida não houver sido apresentada por microempresa ou empresa de pequeno porte.

§4º A preferência de que trata o caput será concedida da seguinte forma:

I – ocorrendo o empate, a microempresa ou a empresa de pequeno porte melhor classificada poderá apresentar proposta de preço inferior àquela considerada vencedora do certame, situação em que será adjudicado o objeto em seu favor;

II – não ocorrendo a contratação da microempresa ou empresa de pequeno porte, na forma do inciso I, serão convocadas as remanescentes que porventura se enquadrem na situação de empate, na ordem classificatória, para o exercício do mesmo direito; e

III – no caso de equivalência dos valores apresentados pelas microempresas e empresas de pequeno porte que se encontrem em situação de empate, será realizado sorteio entre elas para que se identifique aquela que primeiro poderá apresentar melhor oferta.

§5º Não se aplica o sorteio a que se refere o inciso III do §4º quando, por sua natureza, o procedimento não admitir o empate real, como acontece na fase de lances do pregão, em que os lances equivalentes não são considerados iguais, sendo classificados de acordo com a ordem de apresentação pelos licitantes.

§6º No caso do pregão, após o encerramento dos lances, a microempresa ou a empresa de pequeno porte melhor classificada será convocada para apresentar nova proposta no prazo máximo de cinco minutos por item em situação de empate, sob pena de preclusão.

§7º Nas demais modalidades de licitação, o prazo para os licitantes apresentarem nova proposta será estabelecido pelo órgão ou pela entidade contratante e estará previsto no instrumento convocatório.

§8º Nas licitações do tipo técnica e preço, o empate será aferido levando em consideração o resultado da ponderação entre a técnica e o preço na proposta apresentada pelos licitantes, sendo facultada à microempresa ou empresa de pequeno porte melhor classificada a possibilidade de apresentar proposta de preço inferior, nos termos do regulamento.

§9º Conforme disposto nos §§14 e 15 do art. 3º da Lei nº 8.666, de 1993, o critério de desempate previsto neste artigo observará as seguintes regras:

I – quando houver propostas beneficiadas com as margens de preferência em relação ao produto estrangeiro, o critério de desempate será aplicado exclusivamente entre as propostas que fizerem jus às margens de preferência, conforme regulamento;

II – nas contratações de bens e serviços de informática e automação, nos termos da Lei nº 8.248, de 23 de outubro de 1991, as microempresas e as empresas de pequeno porte que fizerem jus ao direito de preferência previsto no Decreto nº 7.174, de 12 de maio de 2010, terão prioridade no exercício desse benefício em relação às médias e às grandes empresas na mesma situação; e

III – quando aplicada a margem de preferência a que se refere o Decreto nº 7.546, de 2 de agosto de 2011, não se aplicará o desempate previsto no Decreto nº 7.174, de 2010.

Art. 6º Os órgãos e as entidades contratantes deverão realizar processo licitatório destinado exclusivamente à participação de microempresas e empresas de pequeno porte nos itens ou lotes de licitação cujo valor seja de até R$80.000,00 (oitenta mil reais).

Art. 7º Nas licitações para contratação de serviços e obras, os órgãos e as entidades contratantes poderão estabelecer, nos instrumentos convocatórios, a exigência de subcontratação de microempresas ou empresas de pequeno porte, sob pena de rescisão contratual, sem prejuízo das sanções legais, determinando:
I – o percentual mínimo a ser subcontratado e o percentual máximo admitido, a serem estabelecidos no edital, sendo vedada a sub-rogação completa ou da parcela principal da contratação;
II – que as microempresas e as empresas de pequeno porte a serem subcontratadas sejam indicadas e qualificadas pelos licitantes com a descrição dos bens e serviços a serem fornecidos e seus respectivos valores;
III – que, no momento da habilitação e ao longo da vigência contratual, seja apresentada a documentação de regularidade fiscal das microempresas e empresas de pequeno porte subcontratadas, sob pena de rescisão, aplicando-se o prazo para regularização previsto no §1º do art. 4º;
IV – que a empresa contratada comprometa-se a substituir a subcontratada, no prazo máximo de trinta dias, na hipótese de extinção da subcontratação, mantendo o percentual originalmente subcontratado até a sua execução total, notificando o órgão ou entidade contratante, sob pena de rescisão, sem prejuízo das sanções cabíveis, ou a demonstrar a inviabilidade da substituição, hipótese em que ficará responsável pela execução da parcela originalmente subcontratada; e
V – que a empresa contratada responsabilize-se pela padronização, pela compatibilidade, pelo gerenciamento centralizado e pela qualidade da subcontratação.
§1º Deverá constar do instrumento convocatório que a exigência de subcontratação não será aplicável quando o licitante for:
I – microempresa ou empresa de pequeno porte;
II – consórcio composto em sua totalidade por microempresas e empresas de pequeno porte, respeitado o disposto no art. 33 da Lei nº 8.666, de 1993; e
III – consórcio composto parcialmente por microempresas ou empresas de pequeno porte com participação igual ou superior ao percentual exigido de subcontratação.
§2º Não se admite a exigência de subcontratação para o fornecimento de bens, exceto quando estiver vinculado à prestação de serviços acessórios.
§3º O disposto no inciso II do caput deverá ser comprovado no momento da aceitação, na hipótese de a modalidade de licitação ser pregão, ou no momento da habilitação, nas demais modalidades, sob pena de desclassificação.
§4º É vedada a exigência no instrumento convocatório de subcontratação de itens ou parcelas determinadas ou de empresas específicas.
§5º Os empenhos e pagamentos referentes às parcelas subcontratadas serão destinados diretamente às microempresas e empresas de pequeno porte subcontratadas.
§6º São vedadas:
I – a subcontratação das parcelas de maior relevância técnica, assim definidas no instrumento convocatório;

II – a subcontratação de microempresas e empresas de pequeno porte que estejam participando da licitação; e
III – a subcontratação de microempresas ou empresas de pequeno porte que tenham um ou mais sócios em comum com a empresa contratante.

Art. 8º Nas licitações para a aquisição de bens de natureza divisível, e desde que não haja prejuízo para o conjunto ou o complexo do objeto, os órgãos e as entidades contratantes deverão reservar cota de até vinte e cinco por cento do objeto para a contratação de microempresas e empresas de pequeno porte.

§1º O disposto neste artigo não impede a contratação das microempresas ou das empresas de pequeno porte na totalidade do objeto.

§2º O instrumento convocatório deverá prever que, na hipótese de não haver vencedor para a cota reservada, esta poderá ser adjudicada ao vencedor da cota principal ou, diante de sua recusa, aos licitantes remanescentes, desde que pratiquem o preço do primeiro colocado da cota principal.

§3º Se a mesma empresa vencer a cota reservada e a cota principal, a contratação das cotas deverá ocorrer pelo menor preço.

§4º Nas licitações por Sistema de Registro de Preço ou por entregas parceladas, o instrumento convocatório deverá prever a prioridade de aquisição dos produtos das cotas reservadas, ressalvados os casos em que a cota reservada for inadequada para atender as quantidades ou as condições do pedido, justificadamente.

§5º Não se aplica o benefício disposto neste artigo quando os itens ou os lotes de licitação possuírem valor estimado de até R$80.000,00 (oitenta mil reais), tendo em vista a aplicação da licitação exclusiva prevista no art. 6º.

Art. 9º Para aplicação dos benefícios previstos nos arts. 6º a 8º:
I – será considerado, para efeitos dos limites de valor estabelecidos, cada item separadamente ou, nas licitações por preço global, o valor estimado para o grupo ou o lote da licitação que deve ser considerado como um único item; e
II – poderá ser concedida, justificadamente, prioridade de contratação de microempresas e empresas de pequeno porte sediadas local ou regionalmente, até o limite de dez por cento do melhor preço válido, nos seguintes termos:

> *a) aplica-se o disposto neste inciso nas situações em que as ofertas apresentadas pelas microempresas e empresas de pequeno porte sediadas local ou regionalmente sejam iguais ou até dez por cento superiores ao menor preço;*
> *b) a microempresa ou a empresa de pequeno porte sediada local ou regionalmente melhor classificada poderá apresentar proposta de preço inferior àquela considerada vencedora da licitação, situação em que será adjudicado o objeto em seu favor;*

c) na hipótese da não contratação da microempresa ou da empresa de pequeno porte sediada local ou regionalmente com base na alínea "b", serão convocadas as remanescentes que porventura se enquadrem na situação da alínea "a", na ordem classificatória, para o exercício do mesmo direito;
d) no caso de equivalência dos valores apresentados pelas microempresas e empresas de pequeno porte sediadas local ou regionalmente, será realizado sorteio entre elas para que se identifique aquela que primeiro poderá apresentar melhor oferta;
e) nas licitações a que se refere o art. 8º, a prioridade será aplicada apenas na cota reservada para contratação exclusiva de microempresas e empresas de pequeno porte;
f) nas licitações com exigência de subcontratação, a prioridade de contratação prevista neste inciso somente será aplicada se o licitante for microempresa ou empresa de pequeno porte sediada local ou regionalmente ou for um consórcio ou uma sociedade de propósito específico formada exclusivamente por microempresas e empresas de pequeno porte sediadas local ou regionalmente;
g) quando houver propostas beneficiadas com as margens de preferência para produto nacional em relação ao produto estrangeiro previstas no art. 3º da Lei nº 8.666, de 1993, a prioridade de contratação prevista neste artigo será aplicada exclusivamente entre as propostas que fizerem jus às margens de preferência, de acordo com os Decretos de aplicação das margens de preferência, observado o limite de vinte e cinco por cento estabelecido pela Lei nº 8.666, de 1993; e
h) a aplicação do benefício previsto neste inciso e do percentual da prioridade adotado, limitado a dez por cento, deverá ser motivada, nos termos dos arts. 47 e 48, §3º, da Lei Complementar nº 123, de 2006.

Art. 10. Não se aplica o disposto nos art. 6º ao art. 8º quando:
I – não houver o mínimo de três fornecedores competitivos enquadrados como microempresas ou empresas de pequeno porte sediadas local ou regionalmente e capazes de cumprir as exigências estabelecidas no instrumento convocatório;
II – o tratamento diferenciado e simplificado para as microempresas e as empresas de pequeno porte não for vantajoso para a administração pública ou representar prejuízo ao conjunto ou ao complexo do objeto a ser contratado, justificadamente;
III – a licitação for dispensável ou inexigível, nos termos dos arts. 24 e 25 da Lei nº 8.666, de 1993, excetuadas as dispensas tratadas pelos incisos I e II do caput do referido art. 24, nas quais a compra deverá ser feita preferencialmente por microempresas e empresas de pequeno porte, observados, no que couber, os incisos I, II e IV do caput deste artigo; ou

IV – o tratamento diferenciado e simplificado não for capaz de alcançar, justificadamente, pelo menos um dos objetivos previstos no art. 1º.
Parágrafo único. Para o disposto no inciso II do caput, considera-se não vantajosa a contratação quando:
I – resultar em preço superior ao valor estabelecido como referência; ou
II – a natureza do bem, serviço ou obra for incompatível com a aplicação dos benefícios.

Art. 11. Os critérios de tratamento diferenciado e simplificado para as microempresas e empresas de pequeno porte deverão estar expressamente previstos no instrumento convocatório.

Art. 12. Aplica-se o disposto neste Decreto às contratações de bens, serviços e obras realizadas por órgãos e entidades públicas com recursos federais por meio de transferências voluntárias, nas hipóteses previstas no Decreto nº 10.024, de 20 de setembro de 2019, ou quando for utilizado o Regime Diferenciado de Contratações Públicas, conforme disposto na Lei nº 12.462, de 4 de agosto de 2011. (Redação dada pelo Decreto nº 10273, de 2020)

Art. 13. Para fins do disposto neste Decreto, o enquadramento como:
I – microempresa ou empresa de pequeno porte se dará nos termos do art. 3º, caput, incisos I e II, e §4º da Lei Complementar nº 123, de 2006;
II – agricultor familiar se dará nos termos da Lei nº 11.326, de 24 de julho de 2006;
III – produtor rural pessoa física se dará nos termos da Lei nº 8.212, de 24 de julho de 1991;
IV – microempreendedor individual se dará nos termos do §1º do art. 18-A da Lei Complementar nº 123, de 2006; e
V – sociedade cooperativa se dará nos termos do art. 34 da Lei nº 11.488, de 15 de junho de 2007, e do art. 4º da Lei nº 5.764, de 16 de dezembro de 1971.
§1º O licitante é responsável por solicitar seu desenquadramento da condição de microempresa ou empresa de pequeno porte quando houver ultrapassado o limite de faturamento estabelecido no art. 3º da Lei Complementar nº 123, de 2006, no ano fiscal anterior, sob pena de ser declarado inidôneo para licitar e contratar com a administração pública, sem prejuízo das demais sanções, caso usufrua ou tente usufruir indevidamente dos benefícios previstos neste Decreto.
§2º Deverá ser exigida do licitante a ser beneficiado a declaração, sob as penas da lei, de que cumpre os requisitos legais para a qualificação como microempresa ou empresa de pequeno porte, microempreendedor individual, produtor rural pessoa física, agricultor familiar ou sociedade cooperativa, o que o tornará apto a usufruir do tratamento favorecido estabelecido nos art. 42 ao art. 49 da Lei Complementar nº 123, de 2006. (Redação dada pelo Decreto nº 10.273, de 2020)

Art. 13-A. O disposto neste Decreto se aplica aos consórcios formados exclusivamente por microempresas e empresas de pequeno porte, desde que a soma das receitas brutas anuais não ultrapassem o limite previsto no inciso II do caput do art. 3º da Lei Complementar nº 123, de 2006. (Incluído pelo Decreto nº 10.273, de 2020)

Art. 14. O Ministério da Economia poderá editar normas complementares para a execução do disposto neste Decreto. (Redação dada pelo Decreto nº 10.273, de 2020)

Art. 15. Este Decreto entra em vigor noventa dias após a data de sua publicação. Parágrafo único. Não se aplica o disposto neste Decreto aos processos com instrumentos convocatórios publicados antes da data de sua entrada em vigor.

Art. 16. Fica revogado o Decreto nº 6.204, de 5 de setembro de 2007.

Brasília, 6 de outubro de 2015; 194º da Independência e 127º da República.

DILMA ROUSSEFF
Nelson Barbosa
Ricardo Berzoini

Lei nº 11.488, de 15 de junho de 2007: Excerto

(DOU, 15.6.2007 – Edição extra)

Art. 34. *Aplica-se às sociedades cooperativas que tenham auferido, no ano-calendário anterior, receita bruta até o limite definido no inciso II do caput do art. 3º da Lei Complementar nº 123, de 14 de dezembro de 2006, nela incluídos os atos cooperados e não-cooperados, o disposto nos Capítulos V a X, na Seção IV do Capítulo XI, e no Capítulo XII da referida Lei Complementar.*

Lei nº 10.406, de 10 de janeiro de 2002: Excertos
(DOU, 11.1.2002)

Institui o Código Civil.

(...)

Art. 44. São pessoas jurídicas de direito privado: (...)
II – as sociedades;

(...)

Art. 53. Constituem-se as associações pela união de pessoas que se organizem para fins não econômicos.

(...)

Art. 966. Considera-se empresário quem exerce profissionalmente atividade econômica organizada para a produção ou a circulação de bens ou de serviços.
Parágrafo único. Não se considera empresário quem exerce profissão intelectual, de natureza científica, literária ou artística, ainda com o concurso de auxiliares ou colaboradores, salvo se o exercício da profissão constituir elemento de empresa.

Art. 967. É obrigatória a inscrição do empresário no Registro Público de Empresas Mercantis da respectiva sede, antes do início de sua atividade.

(...)

Art. 970. A lei assegurará tratamento favorecido, diferenciado e simplificado ao empresário rural e ao pequeno empresário, quanto à inscrição e aos efeitos daí decorrentes.

(...)

Art. 982. Salvo as exceções expressas, considera-se empresária a sociedade que tem por objeto o exercício de atividade própria de empresário sujeito a registro (art. 967); e, simples, as demais.
Parágrafo único. Independentemente de seu objeto, considera-se empresária a sociedade por ações; e, simples, a cooperativa.

Art. 983. A sociedade empresária deve constituir-se segundo um dos tipos regulados nos arts. 1.039 a 1.092; a sociedade simples pode constituir-se de conformidade com um desses tipos, e, não o fazendo, subordina-se às normas que lhe são próprias.
Parágrafo único. Ressalvam-se as disposições concernentes à sociedade em conta de participação e à cooperativa, bem como as constantes de leis especiais que, para o exercício de certas atividades, imponham a constituição da sociedade segundo determinado tipo.

(...)

Art. 1.039. Somente pessoas físicas podem tomar parte na sociedade em nome coletivo, respondendo todos os sócios, solidária e ilimitadamente, pelas obrigações sociais.

(...)

Art. 1.150. O empresário e a sociedade empresária vinculam-se ao Registro Público de Empresas Mercantis a cargo das Juntas Comerciais, e a sociedade simples ao Registro Civil das Pessoas Jurídicas, o qual deverá obedecer às normas fixadas para aquele registro, se a sociedade simples adotar um dos tipos de sociedade empresária.

(...)

Art. 1.179. O empresário e a sociedade empresária são obrigados a seguir um sistema de contabilidade, mecanizado ou não, com base na escrituração uniforme de seus livros, em correspondência com a documentação respectiva, e a levantar anualmente o balanço patrimonial e o de resultado econômico.

Lei nº 4.320, de 17 de março de 1964: Excertos

(DOU, 23.3.1964)

Art. 58. O empenho de despesa é o ato emanado de autoridade competente que cria para o Estado obrigação de pagamento pendente ou não de implemento de condição. *(Veto rejeitado no DO, 5.5.1964)*

(...)

Art. 62. O pagamento da despesa só será efetuado quando ordenado após sua regular liquidação.

Art. 63. A liquidação da despesa consiste na verificação do direito adquirido pelo credor tendo por base os títulos e documentos comprobatórios do respectivo crédito.
§1º *Essa verificação tem por fim apurar:*
I – *a origem e o objeto do que se deve pagar;*
II – *a importância exata a pagar;*
III – *a quem se deve pagar a importância, para extinguir a obrigação.*
§2º *A liquidação da despesa por fornecimentos feitos ou serviços prestados terá por base:*
I – *o contrato, ajuste ou acôrdo respectivo;*
II – *a nota de empenho;*
III – *os comprovantes da entrega de material ou da prestação efetiva do serviço.*

REFERÊNCIAS

ALCÂNTARA, Marcus. Lei Complementar nº 123/2006: estudo da aplicação dos benefícios nas licitações. *Revista Negócios Públicos*, a. X, n. 125, dez. 2014.

ALEXANDRINO, Marcelo; PAULO, Vicente. *Direito administrativo descomplicado*. 17. ed. rev. atual. e ampl. São Paulo: Método, 2009.

ALMEIDA, Aline Paola Correa Braga Câmara de; RIBEIRO, Leonardo C. *O impacto da lei de microempresas e empresas de pequeno porte nas contratações públicas*. FGV-RJ – Curso de Licitações e Contratos, 2008. Apostila.

AMARAL, Antônio Carlos Cintra do. A interpretação literal das normas jurídicas. In: AMARAL, Antônio Carlos Cintra do. *Comentando as licitações públicas*. Rio de Janeiro: Temas & Ideias, 2002. (Série grandes nomes; n. 3).

AMARAL, Antônio Carlos Cintra do. *Comentando as licitações públicas*. Rio de Janeiro: Temas & Ideias, 2002. (Série grandes nomes; nº 3).

AMORIM, Victor Aguiar Jardim de. *Licitações e contratos administrativos*: teoria e jurisprudência. 4. ed. Brasília, DF: Senado Federal, Coordenação de Edições Técnicas, 2021.

ANTUNES, Alney. Criatividade é importante para evitar morte prematura de empresas. *Portal do Administrador*, 14 mar. 2006. Disponível em: http://www.htmlstaff.org/xkurt/projetos/portaldoadmin/modules/news/article.php?storyid=306. Acesso em 14 mar. 2022.

ARAÚJO, Thiago Cássio d'Ávila. Compreensão geral do Estatuto das Microempresas e Empresas de Pequeno Porte: a natureza jurídica dos seus favorecimentos em licitações e contratos administrativos. *Fórum de Contratação e Gestão Pública – FCGP*, v. 8, n. 95, nov. 2009.

ASHIKAGA, Carlos Eduardo Garcia. As sociedades no novo Código Civil. *Jus Navigandi*, Teresina, a. 7, n. 80, 21 set. 2003. Disponível em: http://jus2.uol.com.br/doutrina/texto.asp?id=4255. Acesso em 20 fev. 2022.

AULETE. *Dicionário contemporâneo da língua portuguesa*. Rio de Janeiro: Lexikon, 2011.

BABINI, Fernanda. A Lei Complementar nº 123/2006 e suas inconsistências. *Fórum de Contratação e Gestão Pública – FCGP*, v. 6, n. 70, out. 2007.

BARBOSA, Rui. Oração aos moços. *eBooksBrasil.org*, [s.d.]. Disponível em: http://www.ebooksbrasil.org/eLibris/aosmocos.html. Acesso em 20 fev. 2022.

BERLOFFA, Ricardo da Costa; CASQUEL, Caroline de Oliveira Pampado; VIANNA, Flavia Daniel. *Licitação com micros e pequenas empresas*. São Manuel: Route, 2015.

BITTENCOURT, Laís Rodrigues. *Como falar com os consumidores emergentes*. (Monografia) – Escola de Comunicação, Universidade Federal do Rio de Janeiro, Rio de Janeiro, 2009.

BITTENCOURT, Sidney (Org.). *Temas controvertidos sobre licitações e contratos administrativos*. Rio de Janeiro: Temas & Ideias, 1999.

BITTENCOURT, Sidney. *A participação de cooperativas em licitações públicas.* Rio de Janeiro: Temas & Ideias, 2001.

BITTENCOURT, Sidney. Alteração de composição de consórcio criado com o objetivo de atender a Administração Pública. In: BITTENCOURT, Sidney (Org.). *Temas controvertidos sobre licitações e contratos administrativos.* Rio de Janeiro: Temas & Ideias, 1999.

BITTENCOURT, Sidney. *Infrações e crimes licitatórios.* 2. ed. Curitiba: Íthala, 2021.

BITTENCOURT, Sidney. *Licitação de registro de preços*: comentários ao Decreto nº 3.931, de 19 de setembro de 2001. 2. ed. rev. e ampl. Belo Horizonte: Fórum, 2008.

BITTENCOURT, Sidney. *Licitação passo a passo*: comentando todos os artigos da Lei nº 8.666/93 totalmente atualizada, levando também em consideração a Lei Complementar nº 123/06, que estabelece tratamento diferenciado e favorecido às microempresas e empresas de pequeno porte nas licitações públicas. 6. ed. rev. atual. e ampl. Belo Horizonte: Fórum, 2010.

BITTENCOURT, Sidney. *Nova lei de licitações passo a passo*: comentando artigo por artigo a Nova Lei de Licitações e Contratos Administrativos, Lei nº 14.133, de 1º de abril de 2021. Belo Horizonte: Fórum, 2021.

BITTENCOURT, Sidney. *Pregão eletrônico*: Decreto nº 5.450, de 31 de maio de 2005: Lei nº 10.520, de 17 de julho de 2002: considerando também a Lei Complementar nº 123/2006, que estabelece tratamento diferenciado e favorecido às microempresas e empresas de pequeno porte. 3. ed. rev. ampl. e atual. Belo Horizonte: Fórum, 2010.

BITTENCOURT, Sidney. *Pregão passo a passo*: nova modalidade de licitação para a União, Estados, Municípios e Distrito Federal: Lei nº 10.520, de 17.7.2002: comentários aos artigos do diploma legal que instituiu a nova modalidade de licitação pregão para todos os entes da federação. 3. ed. atual. e ampl. Rio de Janeiro: Temas & Ideias, 2004.

BITTENCOURT, Sidney. *Questões polêmicas sobre licitações e contratos administrativos.* 2. ed. atual. e ampl. com novos artigos. Rio de Janeiro: Temas & Ideias, 2001.

BORGES, Alice Maria Gonzalez. *Normas gerais no estatuto de licitações e contratos administrativos.* São Paulo: Revista dos Tribunais, 1991.

BOTELHO, Carlos; BRITO, Aglézio de. *O fracionamento da despesa e o processo licitatório.*

BRESSER-PEREIRA, Luiz Carlos. O conceito histórico de desenvolvimento econômico. *Bresser-Pereira Website,* 2 mar. 2006. Disponível em: http://www.bresserpereira.org.br/view.asp?cod=1726. Acesso em 10 fev. 2022.

CÂNDIDO, Marcondes da Silva. *Gestão da qualidade em pequenas empresas*: uma contribuição aos modelos de implantação. Dissertação (Mestrado em Engenharia de Produção) – Universidade Federal de Santa Catarina, Florianópolis, 1998. Disponível em: http://www.eps.ufsc.br/disserta98/marcondes. Acesso em 10 fev. 2022.

COELHO, Fábio Ulhoa. *Manual de direito comercial.* 17. ed. rev. e atual. de acordo com a nova lei de falências. São Paulo: Saraiva, 2006.

COELHO, Fábio Ulhoa. Sociedade simples (Parecer). *Instituto de Registro de Títulos e Documentos e de Pessoas Jurídicas do Brasil – IRTDPJBr,* 6 ago. 2003. Disponível em: http://www.irtdpjbrasil.com.br/NEWSITE/parecerfabio.htm. Acesso em 14 set. 2021.

COPOLA, Gina. A participação das cooperativas em licitações: o direito de preferência previsto pela Lei Federal nº 11.488, de 15 de junho 2007. *Revista IOB de Direito Administrativo,* v. 2, n. 21, set. 2007.

CORDEIRO, Valéria. Aplicação da Lei Complementar nº 123 nas licitações públicas: novo desafio. *Valéria Cordeiro*, [s.d.]. Disponível em: http://www.valeriacordeiro.pro.br/artigos.htm. Acesso em 14 set. 2021.

DOTTI. Marinês Restelatto. *A indevida restrição à concessão do tratamento privilegiado às entidades de menor porte*. Disponível em: https://www.novaleilicitacao.com.br/2020/01/14/a-indevida-restricao-a-concessao-do-tratamento-privilegiado-as-entidades-de-menor-porte/. Acesso em 12 jan. 2022.

DUARTE, Fabrício Souza. As inovações da Lei Complementar nº 123/06 no que tange a licitações para micro e pequenas empresas. *Fórum de Contratação e Gestão Pública – FCGP*, v. 6, n. 65, mai. 2007.

FERNANDES, Jorge Ulisses Jacoby. *Como comprar da micro e pequena empresa*: capítulo 1 (Cartilha). Brasília: SEBRAE, 2008. Disponível em: http://www.biblioteca.sebrae.com.br/bds/BDS.nsf/00E231FEE2F98008832574630082CA01/$File/NT00038A0A.pdf. Acesso em 14 set. 2021.

FERNANDES, Jorge Ulisses Jacoby. O Estatuto Nacional da Microempresa e Empresa de Pequeno Porte, a Lei de Licitações e Contratos e a Lei do Pregão. *Fórum de Contratação e Gestão Pública – FCGP*, Belo Horizonte, a. 6, n. 65, mai. 2007.

FERNANDES, Jorge Ulisses Jacoby. *Parecer JUJF*. Emissão de parecer jurídico sobre a regulamentação dos direitos das Microempresas e Empresas de pequeno porte quanto à aplicabilidade da Lei Complementar nº 123/2006 – e as inovações introduzidas nas licitações e contratos administrativos. Brasília, 18 jul. 2007. Disponível em: http://www.jacoby.pro.br/MEeEPP.php. Acesso em 14 set. 2021.

FERRAZ, Luciano. Função regulatória da licitação. *Revista Eletrônica de Direito Administrativo Econômico – REDAE*, Salvador, n. 19, ago./out. 2009. Disponível em: http://www.direitodoestado.com. Acesso em 14 set. 2021.

FERREIRA, Gecivaldo Vasconcelos. Caracterização do empresário individual diante do Código Civil vigente. *Jus Navigandi*, Teresina, a. 9, n. 746, 20 jul. 2005. Disponível em: http://jus2.uol.com.br/doutrina/texto.asp?id=7026. Acesso em 14 set. 2021.

FERREIRA, Sergio de Andréa. *Comentários à Constituição*. Rio de Janeiro: Freitas Bastos, 1990. v. 3. (Biblioteca jurídica Freitas Bastos).

FIUZA, César. *Direito civil*: curso completo. 8. ed. rev., atual. e ampl. Belo Horizonte: Del Rey, 2004.

FIUZA, Ricardo (Coord.). *Novo Código Civil comentado*. São Paulo: Saraiva, 2003.

FORTINI, Cristiana. Licitações Diferenciadas: Arts. 47 a 49 da Lei Complementar nº 123/2006 e Arts. 6º a 10 do Decreto federal nº 8.538/2015. *In*: PEREIRA JÚNIOR, Jessé Torres (Coord.). *Comentários ao Sistema Legal Brasileiro de Licitações e Contratos Administrativos*. São Paulo: NDJ, 2016.

GARCIA, Flávio Amaral. *Parecer – Nº 09/07 – FAG*. Procuradoria-Geral do Estado do Rio de Janeiro, 2007.

GASPARINI, Diogenes. Contratos administrativos. *Revista IOB de Direito Administrativo*, v. 1, n. 10, out. 2006.

GUIMARÃES, Bernardo Strobel. O estatuto das empresas de pequeno porte e os benefícios em matéria de licitação: uma proposta de avaliação de sua constitucionalidade. *Revista Zênite de Licitações e Contratos – ILC*, v. 15, n. 176, out. 2008.

GUSMÃO, Mônica. *Direito empresarial*. 4. ed. rev e atual. pela Nova Lei de Falências. Rio de Janeiro: Impetus, 2005.

HENARES NETO, Halley (Coord.). *Comentários à lei do supersimples*: LC nº 123/2006. São Paulo: Quartier Latin, 2007.

JUSTEN FILHO, Marçal. *O Estatuto da Microempresa e as licitações públicas*. São Paulo: Dialética, 2007.

KRUEGER, Guilherme. *Cooperativas de trabalho na terceirização*. Belo Horizonte: Mandamentos, 2003.

LANGE, Dilson França. *Uma visão sistêmica do direito de empresas no novo Código Civil*. Rio de Janeiro: Temas & Ideias, 2005.

LEFÈVRE, Mônica Bandeira de Mello. O procedimento licitatório e a fase de habilitação no regime diferenciado de contratações públicas. *In*: JUSTEN FILHO, Marçal; PEREIRA Cesar A. Guimarães (Coord.). *O regime diferenciado de contratações públicas (RDC)*. 3. ed. Belo Horizonte: Fórum, 2014.

LIMA, Jonas. A nova lei de licitações e as limitações às microempresas. *Conjur*, 05 nov. 2021. Disponível em: https://www.conjur.com.br/2021-nov-05/licitacoes-contratos-lei-licitacoes-limitacoes-microempresas. Acesso em 10 jan. 2022.

LIMA, Jonas. *Lei Complementar nº 123/06*: aplicações. Curitiba: Negócios Públicos do Brasil, 2008. (Coleção 10 anos de Pregão).

LIMIRO, Renaldo. A vez dos microempreendedores. *Diário da Manhã*, Goiânia, 2 jul. 2009.

MAMEDE, Gladston *et al*. *Comentários ao Estatuto Nacional da Microempresa e da Empresa de Pequeno Porte*: Lei Complementar nº 123, de 14 de dezembro de 2006. São Paulo: Atlas, 2007.

MARQUES, Felipe Silveira. *Compras públicas no Brasil e EUA*: análise da concorrência segundo o paradigma estrutura-conduta-desempenho. (Monografia). Brasília: ESAF, 2005. Disponível em: http://www.tesouro.fazenda.gov.br/premio_TN/XPremio/financas/3tefpXPTN/resumo.htm. Acesso em 10 mai. 2022.

MAXIMILIANO, Carlos. *Hermenêutica e aplicação do direito*. 6. ed. Rio de Janeiro: Freitas Bastos, 1957.

MELCHOR, Paulo. Direito de empresa no novo Código Civil. *Jus Navigandi*, Teresina, a. 7, n. 66, jun. 2003. Disponível em: http://jus2.uol.com.br/doutrina/texto.asp?id=4132. Acesso em 10 mai. 2022.

MELCHOR, Paulo. MEI – Pequeno empresário microempreendedor individual. *Portal SEBRAE-SP*, 24 out. 2007. Disponível em: http://www.sebraesp.com.br/midiateca/publicacoes/artigos/juridico_legislacao/micro_empreendedor_individual. Acesso em 10 mai. 2022.

MELLO, Celso Antônio Bandeira de. *Curso de direito administrativo*. 21. ed. rev. e atual. até a emenda constitucional 52, de 8.3.2006. São Paulo: Malheiros, 2006.

MELLO, Oswaldo Aranha Bandeira de. *Princípios gerais de direito administrativo*. Rio de Janeiro: Forense, 1969.

MELO, Thiago Dellazari. As licitações públicas e o tratamento diferenciado às microempresas e empresas de pequeno porte. Lei complementar nº 123/2006. *Jus Navigandi*, Teresina, a. 13, n. 2057, 17 fev. 2009. Disponível em: http://jus2.uol.com.br/doutrina/texto.asp?id=12343. Acesso em 14 set. 2021.

MOTTA, Carlos Pinto Coelho. *Aplicação do Código Civil às licitações e contratos*. Belo Horizonte: Del Rey, 2004.

MOTTA, Carlos Pinto Coelho. Apontamentos ao regulamento licitatório das microempresas e empresas de pequeno porte: Decreto Federal nº 6204/2007. *Revista Zênite de Licitações e Contratos – ILC*, v. 14, n. 166, dez. 2007.

MOTTA, Carlos Pinto Coelho. Regime licitatório diferenciado das microempresas e empresas de pequeno porte: Lei Complementar nº 123/06. *BLC – Boletim de Licitações e Contratos*, v. 20, n. 9, set. 2007.

MOTTA. Carlos Pinto Coelho. *Eficácia nas licitações e contratos*. 10. ed. Belo Horizonte: Del Rey, 2005.

NASCIMENTO, Fernando Rios do. *Cooperativismo como alternativa de mudança*: uma abordagem normativa. Rio de Janeiro: Forense, 2000.

NATAL, Eduardo Gonzaga Oliveira de. Do acesso das pequenas empresas aos mercados. *In*: HENARES NETO, Halley (Coord.). *Comentários à lei do supersimples*: LC nº 123/2006. São Paulo: Quartier Latin, 2007.

NIEBUHR, Joel de Menezes. Licitação com cota reservada para microempresas e empresas de pequeno porte. *Revista Zênite - Informativo de Licitações e Contratos (ILC)*, Curitiba: Zênite, n. 264, fev. 2016.

NIEBUHR, Joel de Menezes. *Nova Lei de Licitações e Contratos Administrativos*. 2. ed. Curitiba: Zênite, 2021.

NIEBUHR, Joel de Menezes. Repercussões do estatuto das microempresas e das empresas de pequeno porte em licitação pública. *Jus Navigandi*, Teresina, a. 11, n. 1529, 8 set. 2007. Disponível em: http://jus2.uol.com.br/doutrina/texto.asp?id=10380. Acesso em 19 dez. 2021.

NIEBUHR, Joel de Menezes. Tratamento diferenciado e simplificado para microempresas e empresas de pequeno porte. *Revista Zênite de Licitações e Contratos – ILC*, v. 15, n. 168, fev. 2008.

NIEBUHR, Joel de Menezes. O direito subjetivo dos contratados pela Administração Pública de que os pagamentos sejam realizados em observância à ordem cronológica de suas exigibilidades. *Revista Zênite de Licitações e Contratos – ILC*, v. 11, n. 125, jul. 2004.

NÓBREGA, Airton Rocha. Licitação de bens divisíveis. *Jus Navigandi*, Teresina, a. 3, n. 28, fev. 1999. Disponível em: http://jus2.uol.com.br/doutrina/texto.asp?id=436. Acesso em 30 mar. 2010.

OLIVEIRA FILHO. Gilberto Bernardino de. *Consulta nº 00521/2019*. São Paulo: SGP - Soluções em Gestão Pública. Parecer expedido em 13.10.2021.

OLIVEIRA, Rafael Carvalho. *Nova Lei de Licitações e Contratos Administrativos*. 2. ed. Rio de Janeiro: Forense, 2021.

PASTORE, José. As cooperativas e a justiça trabalhista. *Valor Econômico*, São Paulo, 12 abr. 2007.

PEREIRA JÚNIOR, Jessé Torres; DOTTI, Marinês Restelatto. As sociedades cooperativas e o tratamento privilegiado concedido às microempresas e empresas de pequeno porte (Lei Complementar nº 123/06 e Lei nº 11.488/07). *Revista Virtual da Advocacia-Geral da União*, v. 7, dez. 2007. Disponível em: http://www.escola.agu.gov.br/revista/Ano_VII_dezembro_2007/AsSociedadesCooperativas_JesseTorres.pdf. Acesso em 01 abr. 2022.

PEREIRA JÚNIOR, Jessé Torres; DOTTI, Marinês Restelatto. *Microempresas, empresas de pequeno porte e sociedades cooperativas nas contratações públicas*: tratamento diferenciado segundo as cláusulas gerais e os conceitos jurídicos indeterminados acolhidos na LC nº 123/06 e no Dec. Federal nº 6.204/07. São Paulo: NDJ, 2008.

PEREIRA JÚNIOR, Jessé Torres; DOTTI, Marinês Restellatto. O tratamento diferenciado às microempresas, empresas de pequeno porte e sociedades cooperativas nas contratações públicas, segundo as cláusulas gerais e os conceitos jurídicos indeterminados acolhidos na Lei Complementar nº 123/06 e no Decreto Federal nº 6204/07. *Fórum de Contratação e Gestão Pública – FCGP*, v. 7, n. 74, fev. 2008.

PICCOLI, Ricardo de Mattos. *Licitações e sociedades cooperativas*. Curitiba: Juruá, 2005.

PINHEIRO, Frederico Garcia. Da emissão de duplicata contra o poder público. *Jus Navigandi*, Teresina, a. 13, n. 1969, 21 nov. 2008. Disponível em: http://jus2.uol.com.br/doutrina/texto.asp?id=11994. Acesso em 10 mai. 2022.

PORTELA, Fábio. Desvios subterrâneos. *Veja*, v. 43, n. 1, 6 jan. 2010.

REIS, Luciano Elias; BLANCHET, Luiz Alberto. Margem de preferência para microempresas e empresas de pequeno porte local e regional: uma estratégia de regulação estatal desenvolvimentista. *Revista Brasileira de Estudos Políticos*, Belo Horizonte, n. 117, jul./dez., 2018.

RIGOLIN, Ivan Barbosa. *Lei nº 14.133/2021 comentada – Uma visão crítica*. Belo Horizonte: Fórum, 2022.

RIGOLIN, Ivan Barbosa. Micro e pequenas empresas em licitação: a LC nº 123, de 14.12.2006: comentários aos arts. 42 a 49. *Fórum de Contratação e Gestão Pública – FCGP*, v. 6, n. 61, jan. 2007.

RIGOLIN, Ivan Barbosa; BOTTINO, Marco Tullio. *Manual prático das licitações*: Lei nº 8.666, de 21 de junho de 1993. 7. ed. rev. e atual. São Paulo: Saraiva, 2008.

SANTANA, Jair Eduardo; GUIMARÃES, Edgar. *Licitações e o novo estatuto da pequena e microempresa*: reflexos práticos da LC nº 123/06. Belo Horizonte: Fórum, 2007.

SANTOS, José Anacleto Abduch. *Licitações e o estatuto da microempresa e empresa de pequeno porte*. Curitiba: Juruá, 2009.

SANTOS, Marcelo Oliveira dos. *A participação das cooperativas de trabalho – prestadoras de serviços – nas licitações públicas*. 136f. Dissertação (Mestrado em Direito) – Universidade Federal do Paraná, Curitiba, 2007. Disponível em: http://www.buscalegis.ufsc.br/revistas/index.php/buscalegis/article/view/30387/29760. Acesso em 01 abr. 2022.

SILVA, Erivam Paulo da. *O uso do poder de compra do Estado como instrumento de política pública*: a Lei Complementar nº 123/2006, sua implementação. 180f. Dissertação (Mestrado em Administração Pública) – Fundação Getulio Vargas, Rio de Janeiro, 2008. Disponível em: http://virtualbib.fgv.br/dspace/handle/10438/3408. Acesso em 01 abr. 2022.

SOUTO, Marcos Juruena Villela. *Direito administrativo da economia*: planejamento econômico, fomento, empresas estatais e privatização, defesa da concorrência, do consumidor e do usuário de serviços públicos, responsabilidade fiscal. 3. ed. rev., ampl. e atual. Rio de Janeiro: Lumen Juris, 2003.

SOUZA, Rachel Nogueira de. Supersimples: desvendando a Lei Complementar nº 123/2006. *Repertório IOB de Jurisprudência*: tributário, constitucional e administrativo, n. 10, 2. quinz., mai. 2009.

SPÍNOLA, André Silva. O tratamento diferenciado, simplificado e favorecido concedido à microempresa e à empresa de pequeno porte. Princípios constitucionais da isonomia e da capacidade contributiva. *Jus Navigandi*, Teresina, a. 7, n. 62, fev. 2003. Disponível em: http://jus2.uol.com.br/doutrina/texto.asp?id=3724. Acesso em 20 nov. 2021.

TAGLIASSUCHI, Miriam De Toni. O Estatuto da Microempresa: sistematizando o debate. *Ensaios FEE*, Porto Alegre, v. 6, 1985. Disponível em: http://revistas.fee.tche.br/index.php/ensaios/article/viewFile/909/1202. Acesso em 20 nov. 2021.

TEIXEIRA JÚNIOR, Amílcar Barca; CIOTTI, Lívio Rodrigues. *Cooperativas de trabalho na administração pública*. Belo Horizonte: Mandamentos, 2003.

TEIXEIRA JÚNIOR, Amílcar Barca; CIOTTI, Lívio Rodrigues. *Cooperativas de trabalho e o termo de conciliação judicial AGU-MPT*. Belo Horizonte: Mandamentos, 2005.

TORRES, Ronny Charles Lopes de. *Lei de licitações públicas comentadas*. 12. ed. Salvador: JusPodivm, 2021.

TORRES, Ronny Charles Lopes de. *Leis de licitações públicas comentadas*. 2. ed. rev., ampl. e atual. com a MP nº 458/2009, Leis nºs 11.652/2008, 11.763/2008 e 11.783/2008 e INs 02/2008 e 04/2008, ambas da SLTI do MPOG. Salvador: JusPodivm, 2009.

VENTIM, Liane. Compatibilizar o uso da licitação como fomento, respeitando o princípio da competitividade. *WebArtigos.com*, 8 jun. 2009. Disponível em: http://www.webartigos.com/articles/19420/1/Compatibilizar-o-uso-da-licitacao-como-fomento-respeitando-o-principio-da-competitividade/pagina1.html. Acesso em 01 mar. 2022.

XAVIER, Bruno de Aquino Parreira. Licitações públicas e a participação de cooperativas. *Jus Navigandi*, Teresina, a. 6, n. 59, out. 2002. Disponível em: http://jus2.uol.com.br/doutrina/texto.asp?id=3287. Acesso em 01 mar. 2022.

ZANIN, Luís Maurício Junqueira. *Cartilha do comprador: os novos paradigmas da Administração Pública*. Brasília: SEBRAE, 2017.

Esta obra foi composta em fonte Palatino Linotype, corpo 10
e impressa em papel Pólen Bold 70g (miolo) e Supremo 250g (capa)
pela Paulinelli Serviços Gráficos.